JELENA
WEBER

MEHR VOM WENIGER

Minimalismus für Anfänger

INHALT

VORWORT

„Es gibt doch so viele schöne Dinge“, meinte die Redakteurin einer großen Frauenzeitschrift, als sie mich für mein erstes Buch „Der Aufräum-Kompass“ interviewte. Als Fan von Interior Design und schönen Dingen kann ich ihr nur aus vollem Herzen zustimmen. Trotzdem treibt mich die Frage um, ob der Besitz möglichst vieler Dinge mich wirklich glücklich macht. Und wie nachhaltig das kurze Glück des Konsums ist.

Bei all diesen Fragen wurde der Minimalismus für mich zu einer Quelle der Inspiration. Er brachte mich dazu, das richtige Maß zu finden. Zwischen dem, was ich wirklich zum Leben brauche und was mir Freude schenkt – und all den Dingen, die mich eigentlich nur belasten, die im Wege stehen und auch sonst mein Leben schwerer machen, als es nötig wäre.

Eine 150-prozentige Minimalistin bin ich sicher nicht! Aber ich habe vor Jahren damit begonnen, mein Leben minimalistischer zu gestalten. Mich von den Dingen zu befreien, die nicht dazu beitragen, meinen Alltag übersichtlicher, einfacher und fröhlicher zu machen. Die Erfahrungen, die ich dabei sammelte, die vielen inspirierenden Menschen, die ich auf meinem Weg in ein minimalistischeres Leben getroffen habe, die Ideen und Wege, die ich dabei als hilfreich empfunden habe, möchte ich dir in diesem Buch vorstellen. Deshalb habe ich es für dich geschrieben.

Minimalismus bedeutet nicht, ein karges Leben nach asketischem Muster zu führen. Minimalismus ist eine Möglichkeit, dich von all dem Ballast zu befreien, der dir im Weg steht, um das Leben zu führen, das du wirklich führen möchtest. Ob im Berufsleben oder privat, ob beim Wohnen oder bei Haushaltsdingen, ob im Umgang mit sozialen Medien oder bei der Art deines Konsums. Ich möchte dich dabei unterstützen, nur das zu tun und in dein Leben zu holen, was wirklich zu dir passt. Und was dich aus tiefstem Herzen bereichert. Das kann weniger sein, als du denkst. Schön, dass wir gemeinsam den Weg vom Mehr zum Weniger gehen!

Jelena

EINLEITUNG

EINFACH LEICHTER LEBEN!

Was bedeutet „Minimalismus“ eigentlich? Als ich das Wort googelte, fand ich diese Definition: Minimalismus ist die „bewusste Beschränkung auf ein Minimum, auf das Nötigste“. Ich finde, das klingt schwammig. Allein schon: „das Nötigste“. Es bedeutet sicher für alle etwas anderes. Manche finden es vielleicht nötig, besonders schönes Besteck zu besitzen. Anderen ist das nicht so wichtig. Ich kenne zum Beispiel Menschen, die sich sogar fragen: „Brauche ich einen Stuhl und einen Tisch – oder reicht mir vielleicht nur ein Bett?“ Tatsächlich kann Minimalismus bis ins absolute Extrem gehen, und ich bin überzeugt, dass manche Menschen sich damit wohlfühlen und es als sehr befreiend empfinden, so gut wie überhaupt nichts mehr zu besitzen. Auch ich finde diese Vorstellung vom Ansatz her spannend. Andererseits macht es mir Freude, in einem schönen Haus zu leben und es so kreativ auszugestalten, dass es zu einem Rückzugsort für meine Familie und mich wird, in dem wir uns alle geborgen fühlen. Dazu gehören für mich auch schöne Dinge und Möbel. Ein Bett, ein Tisch und ein Stuhl würden mir absolut nicht ausreichen. Vielleicht geht es dir in dieser Hinsicht ähnlich wie mir? Trotz alledem bin ich, wie du sicher auch, auf der Suche nach der richtigen Anzahl von Dingen, die mir – und uns allen! – guttun. Die genaue Anzahl ist natürlich individuell verschieden. Marie Kondo sieht das auch so – und diese Auffassung hat mich geprägt. Welche Dinge das sogenannte „Nötigste“ sind, findet man nicht sofort heraus, sondern nur mit der Zeit. Eine Annäherung in Schritten also – bis man schließlich an dem Punkt ankommt, an dem es zum persönlichen Typ passt.

Aber so einfach das klingt – leicht ist das nicht. Weil sich die Wahrnehmung aufs eigene Zuhause immer mal wieder verändert. Wenn ich zum Beispiel meine Mutter besuche, denke ich, dass sie ihr Zuhause richtig schön eingerichtet hat. Wenn ich bei ihr bin, empfinde ich ihre Wohnung nicht als zu voll. Wenn ich dann wieder heimkomme, kommt mir meine Wohnung jedes Mal irgendwie zu karg vor. Aber nach einer Weile pendelt sich diese Wahrnehmung wieder ein und ich empfinde meine Art, mich einzurichten, als genau passend für mich und meine Familie. Das ist der springende Punkt: Dein Lebensstil, deine Lebenseinstellung und deine Art, dich einzurichten, müssen übereinstimmen. Selbst wenn du es woanders schön findest, wo der Einrichtungsstil möglicherweise ganz gegensätzlich zu deinem ist, kann es sein, dass dies – wenn du dich selbst so einrichten würdest – überhaupt nicht mit deinen alltäglichen Bedürfnissen harmonieren würde.

Ich möchte das an einem Beispiel verdeutlichen: Vielleicht findest du ein großzügiges, offen gestaltetes Loft mit einer freien Treppe und einer Galerie ohne Geländer wunderschön. Du hast aber zwei kleine Kinder, lebst mit einem Partner oder einer Partnerin zusammen und ihr seid beide im Homeoffice. Für die Kinder brauchst du Sicherheit. Ihr beiden Erwachsenen braucht einen Raum, in dem ihr ungestört arbeiten könnt. Und ihr jede/r Einzelne braucht Rückzugsräume, um auch mal ganz für sich zu sein. So verschieden wie die Lebensentwürfe sind auch die Vorstellungen davon, was nötig ist und was nicht. Was man beim anderen toll findet, muss nicht zu einem selbst passen. Der Weg zum eigenen „Mehr vom Weniger" führt in Versuchsschritten und über Kompromisse zum individuell stimmigen Ziel. Deshalb bin ich der Meinung, dass jede und jeder von uns für sich selbst herausfinden darf, welche Vorstellung von Minimalismus persönlich am geeignetsten ist. Ich zum Beispiel würde mich nicht als Minimalistin bezeichnen, obwohl ich in vielerlei Hinsicht wahrscheinlich wesentlich minimalistischer lebe als viele andere. Mein Wunsch für dich und uns alle ist daher, dass wir uns das Leben leichter machen und dabei unseren ganz persönlichen Weg finden dürfen.

Jeder sollte die Ideen des Minimalismus für sich so ausgestalten, wie es für sie oder ihn am überzeugendsten ist. Zumindest sehe ich das so. Es geht nicht um Etikettierungen. Minimalismus ist kein Wettbewerb und niemand muss dabei irgendwelchen Vorgaben entsprechen. Ziel ist es vielmehr, sich den Alltag zu erleichtern und dabei seinen individuellen Bedürfnissen zu folgen.

WENIGER IST MEHR

Ich habe viele inspirierende Menschen getroffen, bevor ich anfing, dieses Buch zu schreiben. Doch auch, wenn ich mich von diesen tollen, interessanten Frauen und Männern gedanklich anregen ließ, ist mein Lebensentwurf anders als ihrer. Und genau das finde ich unglaublich schön: sich gegenseitig zu respektieren und sich bei anderen genau das herauszupicken, was zum eigenen Leben passt. Schon in meinem ersten Buch „Der Aufräum-Kompass“ habe ich meine Auffassung zu diesem Thema angesprochen.

Meinem Gefühl nach gibt es derzeit vor allem zwei Strömungen, und beide können ziemlich extrem ausfallen. Zum einen ist da der absolute Fokus auf den Konsum. Und zum anderen der Trend zum perfekt nachhaltigen Leben. Ich bin in dieser Frage eindeutig für den Mittelweg, also dafür, dass wir anfangen, bewusster zu konsumieren. Ich glaube, nur wenige Menschen möchten als absolute Asketen leben. Doch es ist wichtig, sich bewusst zu machen, welche Konsequenzen ständiger Konsum hat. Jetzt, wo ich dieses Buch schreibe, bin ich schwanger mit meinem zweiten Kind. Natürlich stelle ich mir deshalb erneut die Frage, mit welchem Lebensstil meine Kinder aufwachsen sollen. Auch das wird ein Thema dieses Buches sein. Ich habe darüber mit vielen erfahrenen Mamas gesprochen – Müttern, die sich für ein Familienleben mit weniger materiellen Dingen entschieden haben. Ich selbst bin auch so aufgewachsen und erzogen worden. Geschenke, vor allem größere Wünsche, gab es bei uns nur zu Weihnachten und zum Geburtstag. Mittlerweile habe ich öfter den Eindruck, dass Kinder zu jedem Anlass, sei er noch so klein und unbedeutend, mit Geschenken überhäuft werden. Natürlich kann jede und jeder das so handhaben, wie er oder sie es für richtig hält, aber ich sehe diese Entwicklung aus verschiedenen Gründen kritisch.

MINIMALISMUS IM TREND

Minimalismus ist trendy und ich finde: Der Trend ist gut. Eine Gegenbewegung zum immer schneller werdenden Konsum. Dieser führt nämlich zu immer größeren Müllmengen. Auch die schwierigen Bedingungen der Massenproduktion möchte ich nicht aus dem Blick verlieren. Viele Menschen verbinden Minimalismus mit Verzicht, Entbehrung und Einschränkungen. Minimalistisch lebende Menschen hingegen empfinden ihren Lebensstil als Befreiung. In der Regel denkt man ja, Besitz schenkt Freiheit,

weil man sich vieles leisten kann. Minimalismus zeigt eine andere Sichtweise auf: Man muss sich gar nicht mehr alles leisten können! Man darf aus dem Hamsterrad aussteigen. Aus dem Zwang des Besitzen-Wollens und Haben-Müssens auszubrechen, kann eine enorme Befreiung sein. Es nimmt eine Last von den Schultern. Viele Geschichten von Menschen, die sich für einen minimalistischen Lebensstil entschieden haben, beginnen als vermeintliche Erfolgsstory. Es sind oft Menschen, die steile Karrieren hingelegt haben, super erfolgreich und wohlhabend wurden. Dann kommt der Wendepunkt: eine Situation im Leben, die schlagartig deutlich macht, dass man eigentlich nur noch arbeitet, keine Zeit mehr für Familie und Freundeskreis hat und nicht mehr so richtig weiß, was man vom Leben eigentlich mal wollte. Und dann steigt man aus!

Ein gutes Beispiel hierfür sind Joshua Fields Millburn und Ryan Nicodemus. Sie wurden durch ihren Film „The Minimalists" bekannt. Die beiden ihren Besitz minimiert und haben sich einer sinnstiftenden anstatt einer materiell oientierten Arbeit zugewandt. Ein stimmiger Weg für sie zu mehr Zufriedenheit. Auch dieses Beispiel zeigt: Im Vordergrund steht immer das, was uns persönlich guttut. Richtig ist, was für dich in Ordnung ist, nicht, was andere von dir erwarten! Fast alle Menschen, die diesen Weg einschlagen, bekommen nicht nur ein besseres Gespür für ihre wirklichen Bedürfnisse. Sondern auch dafür, wie sich ihr Verhalten auf die Umwelt auswirkt. Dieses Phänomen bleibt nicht aus, wenn man sich mit Minimalismus beschäftigt. Nachhaltigkeit ist in aller Munde, und in vielen Punkten sind wir dabei auf einem guten Weg. Sicher ist Minimalismus kein Trend, der in der Breite im Mainstream ankommen wird. Dafür ist meiner Ansicht nach der Kapitalismus viel zu sehr in unserer Gesellschaft verankert. Aber je mehr Aufmerksamkeit diese Bewegung bekommt, desto mehr Menschen können sich Aspekte davon heraussuchen und auf individuelle Weise umsetzen. Also: Du musst nicht perfekt sein! Wer bestimmt überhaupt, was perfekt ist? Wenn du für dich einen Weg findest, dein Leben so bewusst zu gestalten, dass du dich mit weniger besser fühlst, ist das ein wichtiger Schritt. Wenn du Lust hast, kannst du zum Beispiel fürs Erste damit beginnen, dich von unnötigem Ballast zu trennen.

„Aus dem Zwang des Haben-Müssens auszubrechen, ist eine enorme Befreiung."

DAS BEISPIEL VON JOSHUA UND RYAN

Joshua Fields Millburn und Ryan Nicodemus, die Macher der Dokumentation „The Minimalists“, kommen beide aus armen Verhältnissen. Am Anfang ihrer beruflichen Laufbahn haben sie deshalb nur ein Ziel: viel Geld verdienen! Sie machen Karriere und leben den typisch amerikanischen Traum.

Doch dann führt der Tod seiner Mutter Joshua etwas Wichtiges vor Augen: Sich plötzlich mit all den Dingen, die seine Mutter hinterlassen hat, beschäftigen zu müssen, lässt Josh sein eigenes Konsumverhalten hinterfragen. Er entdeckt die Ideen der Minimalismus-Bewegung und wendet sich ihnen zu. Seinen langjährigen Freund Ryan steckt er mit dieser Lebensform an. Fortan widmen sich die beiden einer gemeinsamen Mission: möglichst vielen Menschen die Lebenseinstellung des Minimalismus näherzubringen.

Ihre Dokumentation erzählt ihre ganz persönliche Geschichte, aber auch die Geschichte vieler anderer Minimalisten. Der Film nimmt uns mit auf eine gedankliche Reise und führt uns vor Augen, wie absurd sich der unstillbare Hunger nach Konsum in unserer Gesellschaft auswirken kann.

Als ich diesen Film zum ersten Mal sah, hatte ich noch vor dem Abspann das dringende Bedürfnis, alle überflüssigen Dinge in meinem Leben endgültig loszuwerden.

01

WARUM WENIGER ZU BESITZEN GUTTUT – DEIN START IN EIN MINIMALISTISCHES LEBEN

MINIMALISTISCH LEBEN – JETZT!

Es gibt verschiedene Gründe für das Bedürfnis, minimalistischer leben zu wollen. Vielleicht verspürst du schon länger eine gewisse Unzufriedenheit und hast das Gefühl, dein Alltag sei ein bisschen zu chaotisch? Dann bist du genau an dem Punkt deines Lebens, an dem du etwas verändern möchtest. Der richtige Moment, um Ballast zu minimieren. Dafür fängst du am besten mit Ausmisten an. Du wirst sehen: Vieles wird dadurch einfacher!

AUSMISTEN IST DER ERSTE SCHRITT

Vielleicht hast du mein Buch „Der Aufräum-Kompass“ gelesen oder kennst mich von YouTube und Instagram – dann weißt du sicher schon, worauf ich jetzt hinauswill: Ich finde es sehr wichtig und betone das deshalb öfter, dass richtiges Ausmisten der Anfang von allem ist. Ausmisten bedeutet nicht, sich nur noch schlichte Dinge als Deko ins Haus zu holen oder die gesamte Einrichtung nach einem einheitlichen Farbschema zu gestalten. Wenn du möchtest, sind das die Schritte, die du angehen könntest, nachdem du das Ausmisten abgeschlossen hast. Zuallererst aber muss wirklich alles und jedes Ding einmal gründlich und konsequent auf den Prüfstand – und dann aussortiert und am besten nachhaltig entsorgt werden. Das ist schon deshalb kein leichter Schritt, weil es auf den ersten Blick vielleicht am allerwenigsten Spaß und am meisten Arbeit macht. Aber ich kann dir aus eigener Erfahrung versprechen, dass es sich sehr gut anfühlen wird und du dabei in einen regelrechten Flow kommen wirst, sobald du dich voll darauf einlässt und merkst, wie du mehr und mehr hinter diesem Vorhaben stehst. Voraussetzung ist dabei natürlich wie bei jedem Neustart, dass du bereit dazu bist und wirklich Lust hast, etwas in deinem Leben zu verändern. Welche Methoden du dabei einsetzen kannst, den für dich besten Weg zum Ausmisten zu finden, habe ich in meinem Buch „Der Aufräum-Kompass“ anschaulich beschrieben.

FINDE HERAUS, WAS DU WIRKLICH WILLST

Die allerwichtigste Frage auf dem Weg in ein minimalistischeres, leichteres Leben ist: Was ist dir wirklich wichtig? Besitz geht ja immer mit Verpflichtungen einher. Das merke ich an vielen Beispielen jeden Tag aufs Neue. Wenn man vieles besitzt, muss man sich auch um vieles kümmern. Nehmen wir etwa ein großes Haus: Wer eines besitzt, hat bestimmt lange und hart dafür arbeiten müssen, um es sich leisten zu können. Wahrscheinlich muss der Kredit dafür mindestens bis zur Rente abbezahlt werden, im schlechtesten Falle vielleicht sogar darüber hinaus. Während man in dem Haus lebt, muss es instand gehalten werden. Man muss es sauber halten und regelmäßig putzen, man muss alles Mögliche reparieren und ausbessern, man muss es regelmäßig beheizen … und so weiter. Das alles kostet sehr viel Geld und Zeit. In der Folge muss man natürlich weiterhin viel arbeiten. Wer viel arbeiten muss, hat weniger Zeit für andere Dinge, die Spaß machen und Erfüllung bringen: Kinder, Freundinnen und Freunde, Hobbys. Auch wenn die meisten von uns ihre Arbeit lieben, ist und bleibt dieser Zusammenhang eine nicht zu leugnende Tatsache.

Fakt ist aber auch, dass wir gar nicht alles haben *können*. Sheryl Sandberg beschreibt dies sehr gut in ihrem wunderbaren Buch „Lean In: Frauen und der Wille zum Erfolg“. Viele träumen davon, alles gleichzeitig zu haben und zu erreichen: einen super Job, eine großartige Karriere, selbstverständlich viel Zeit für die Kinder – und auch noch genügend Freizeit. Die Erkenntnis, dass das in der Realität eben nicht alles zu haben ist, scheint im ersten Moment erschreckend ernüchternd zu sein. Bei näherer Betrachtung kann die Einsicht, dass das nicht locker vom Hocker – und vor allem ohne Preis – zu haben ist, aber auch sehr befreiend wirken. Wenn klar ist, dass wir tatsächlich nicht *alles* haben können, bedeutet das ja auch, dass wir nicht alles haben *müssen*. Ich habe zum Beispiel die Erfahrung gemacht, dass gerade Frauen sich immens unter Druck setzen, um alle Erwartungen gleichzeitig zu bedienen: die perfekte Hausfrau und Mutter zu sein, nebenbei erfolgreich im Beruf und dazu noch stets die begehrenswerte Ehefrau. Was kommt am Ende dabei heraus? Wir Frauen sind oft maßlos überfordert, weil alle diese Erwartungen zu erfüllen in Wirklichkeit gar nicht klappt. Und was hat das mit Ausmisten und Minimalismus zu tun? Meine Antwort: Wer sich mit Minimalismus beschäftigt, fängt zwangsläufig an, sich auch damit zu befassen, was er oder sie wirklich möchte und zu wuppen in der Lage ist.

EINFACH MAL KLAR SCHIFF MACHEN

Der einfachste Weg, um das herauszufinden, ist, sich erst einmal um alle materiellen Dinge zu kümmern, die sich so im Leben angesammelt haben. Wenn man seinen Blick für diesen Sachverhalt schärft, wird einem erst so richtig bewusst, mit wie vielen Gegenständen wir uns in der Regel umgeben – Zeugs, von dem wir vieles über-

haupt nicht (mehr) brauchen, das uns eigentlich nur belastet und in vielen Fällen auch gar keine Freude bereitet.

Wenn du mit dem Ausmisten beginnst, wirst du staunen, was für eine Menge das ist! Wenn du all diesen Ballast erst einmal losgeworden bist, hast du schon einen Riesenschritt auf dem Weg in ein leichteres Leben geschafft. Da gebe ich dir mein Wort drauf, auch wenn ich weiß, dass das keine leichte Aufgabe ist. Aber: Du wirst dafür belohnt werden. Weil nämlich mit dem ersten Schritt auch die Motivation getriggert wird, noch weitere Lebensbereiche folgen zu lassen. Und schon bist du mitten drin in einem großen, befreienden „Klar-Schiff-Machen"!

Ich komme an dieser Stelle noch mal auf das Beispiel mit dem großen Haus zurück: Nicht umsonst entscheiden sich viele Minimalistinnen und Minimalisten dafür, ihr unmittelbares Wohn- und Lebensumfeld radikal zu verkleinern. Manche wählen dafür ein Tiny House oder suchen sich eine dementsprechend kleine Wohnung, andere wiederum entscheiden sich für gerade so viele Besitztümer, dass diese exakt in einen Rucksack passen. All diese Entscheidungen und Veränderungsprozesse geben minimalistisch Orientierten das ultimative Gefühl von Freiheit. Aber auch hier ist der richtige Weg natürlich immer ein individueller, und jede und jeder wird ganz persönlich für sich entscheiden, wie viel Raum und Platz angemessen und ausreichend ist. Ich persönlich könnte mir zum Beispiel nicht vorstellen, mit meiner Familie auf 50 Quadratmetern zu leben. Andererseits bräuchte ich aber auch keine 500 Quadratmeter! Denn der Vorteil eines kleineren Hauses oder einer kleineren Wohnung liegt deutlich auf der Hand: Man hat viel weniger Arbeit damit, der Unterhalt kostet weniger Geld, und so hat man auch entsprechend mehr Zeit für Dinge, die sich nicht nur um die Instandhaltung des unmittelbaren Lebensraumes drehen. Dieses Beispiel lässt sich auch auf andere Bereiche übertragen, etwa auf das Thema Kleidung.

Besonders wenn man schon lange im gleichen Haus oder in der gleichen Wohnung lebt, stellt sich eine gewisse Betriebsblindheit ein. Man bemerkt und sieht dann gar nicht mehr, in welchem Chaos man eigentlich lebt und mit wie viel unnötigem Zeugs man sich belastet. Und dabei muss die Wohnung gar nicht unbedingt unordentlich sein! Auch in einer perfekt aufgeräumten Wohnung lassen sich Tausende Dinge horten, die man im Grunde nie in die Hand nimmt. Wenn du dir das bewusst machst, ist das schon der erste Schritt. Nur weil etwas seinen festen Platz hat und im Alltag deshalb nicht groß auffällt, heißt das noch lange nicht, dass du es wirklich brauchst. Ich spreche hier aus eigener Erfahrung. Die Wohnung, in der ich jetzt mit meiner Familie lebe, habe ich vor über zwanzig Jahren mit meinem Vater bezogen. In dieser langen Zeit sammelte sich so einiges an. Erst als ich mich ernsthaft mit der Frage befasste, welche Dinge mich tatsächlich Tag für Tag umgeben, bemerkte ich plötzlich, dass ich fünf Woks an der Wand hängen hatte! Und die braucht natürlich kein Mensch, außer man wäre Betreiber einer Garküche. Dieser Betriebsblindheit muss man sich natürlich stellen. Das kostet zunächst Mut – und dann die Entschlusskraft, diesen scheinbar unüberwindbaren Berg von Dingen abzutragen. Das Ergebnis des Ausmistens aber ist jede Anstrengung wert.

Ausmisten führt nämlich dazu, dass wir uns freier fühlen. Es lässt uns endlich wieder richtig durchatmen. Wir lernen zu erkennen, was uns wichtig ist. Ausmisten schafft Platz für unsere Bedürfnisse. Und es führt uns vielleicht sogar vor Augen, dass wir den vielen Raum, der von Möbeln und Dingen blockiert wird, nicht wirklich benötigen und uns deshalb platzmäßig locker verkleinern könnten. Damit ersparen wir uns viel Arbeit und Stress.

WER BESTIMMT, WIE VIEL DU BRAUCHST?

Diese Frage beschäftigt mich regelmäßig. Besonders in Momenten, in denen ich das Gefühl habe, dass wir alle viel zu viel arbeiten. „Zu viel" ist für mein Dafürhalten, wenn man sich ständig ausgelaugt fühlt und sich nicht mehr erholen kann, weil andauernd noch Unerledigtes auf dem Schreibtisch liegt. In solchen Momenten stelle ich mir immer zwei Fragen: Was brauche ich wirklich? Und kann ich mir das für Geld kaufen? Sicher bist du selbst schon mal an so einem Punkt gewesen. Natürlich ist es schön, zu wissen, dass man sich bestimmte Träume erfüllen kann, ohne groß nachrechnen zu müssen, ob man sie sich leisten kann. Urlaub zum Beispiel. Oder ein neues Auto, wenn das alte es nicht mehr tut. Aber selbst bei diesen Fragen lässt sich eine minimalistische Lösung finden, etwa im eigenen Land oder in der näheren Umgebung Urlaub zu machen, zu campen oder zu zelten. Und ein Auto? Brauchen viele heutzutage überhaupt nicht mehr!

Bei mir persönlich ist es zurzeit ein Haus, auf das wir hinarbeiten. Lange Zeit war das aber nicht so. Wir mögen unsere Wohnung. Sie hat eine gute Größe, ist günstig, und wir finden sie schön. Aber wir mögen die Stadt nicht mehr, und ich sehne mich nach einem Garten und mehr Lebensqualität mit mehr Natur, vor allem für die Kinder.

Oft sind es aber gar nicht so konkrete Ziele, die einen antreiben, mehr Geld verdienen und besitzen zu wollen. Nicht selten ist es nur ein diffuser gesellschaftlicher Druck, dem wir glauben, standhalten zu müssen. Konsumdruck! Von allen Seiten wird uns suggeriert, dass es uns besser geht, wenn wir dieses oder jenes besitzen. Aber von wem geht dieser Druck eigentlich aus? Von denen natürlich, die am meisten davon profitieren: großen Konzernen. Und warum machen wir da alle mit? Gute Frage. Klar, kaufen macht Spaß. Es kann einem ein gutes Gefühl geben, sich etwas zu gönnen. Da geht es mir nicht anders. Gerade in der Schwangerschaft hatte ich das Bedürfnis, mich neu einzukleiden. Oder mir Sachen zu kaufen, die ich danach wieder tragen und auf die ich mich jetzt schon freuen konnte. Trotzdem hielt ich mich davon ab. Erst würde ich die Umstandskleidung, wenn ich sie nicht mehr benötigte, wieder verkaufen oder verschenken. Und anstatt Impulskäufe zu tätigen, wartete ich lieber ab. Schließlich konnte ich ja gar nicht wissen, wie sich mein Körper nach der Geburt verändern würde, wie ich mich danach fühlen und was ich dann wirklich brauchen würde. Leider sind es aber genau diese Impulskäufe, die uns vordergründig ein gutes Gefühl geben. So schnell, wie die Sachen gekauft sind, geht das gute Gefühl dann aber gleich wieder weg. Dann sitzt man da mit einem Haufen Zeugs. Hat irgendein diffuses Bedürfnis befriedigt, ohne richtig zu wissen, welcher Wunsch wirklich dahintersteckt. Viele von uns versuchen auf diese Weise ein Bedürfnis zu stillen, ohne vorher genau hinzuschauen, was sich dahinter verbirgt. Ich hatte neulich ein interessantes Gespräch darüber mit einer guten Freundin. Sie ist der Ansicht, dass Konsum ähnlich wie Alkohol und Drogen wirke. Viele würden versuchen, damit eine Leere zu kaschieren. Die könne mit Kaufen in Wirklichkeit gar nicht gefüllt werden. Genau das aber wird in unserer Gesellschaft propagiert, nach dem Motto „kauf dieses und jenes, und es wird dir besser gehen."

KONSUMDRUCK? NEIN DANKE!

Vielleicht möchtest du dein Konsumverhalten mal daraufhin überprüfen? Beobachte doch einmal, in welchen Momenten du den Impuls hast, shoppen zu gehen. Vielleicht würde dir ein Gespräch mit einer guten Freundin oder einfach nur ein Spaziergang viel besser tun? Du kannst stattdessen auch ein paar Seiten lang deine Gedanken aufschreiben und dabei deinen wirklichen Wünschen und Bedürfnissen auf den Grund gehen. Vielleicht bedrückt dich auch etwas und du möchtest es mit einer Einkaufstour nur betäuben? Vielleicht gibt dir dein Umfeld das Gefühl, du seist nur etwas wert, wenn du Designerklamotten trägst, auf jeder Party ein neues Kleid anhast und regelmäßig im 5-Sterne-Resort Urlaub machst? Dann ist es an der Zeit, zu überprüfen, ob dieses Umfeld dir wirklich guttut. Es übt nämlich unglaublichen Druck auf dich aus.

Sehr schade finde ich auch, dass in unserer Gesellschaft nicht jede Leistung gleich anerkannt wird. Das fällt mir besonders auf, wenn Väter und Mütter sich dafür entscheiden, zu Hause zu bleiben und sich um Kinder und Haushalt zu kümmern. Da fällt dann oft der Satz, er oder sie „arbeitet nicht". Wie bitte? Das drückt genau aus, wie wir alle immer noch insgeheim denken: Wir sehen nur das als „Arbeit" an, was bezahlt wird. Ich finde, da muss sich etwas grundlegend verändern. Und der beste Weg dahin ist, bei sich selbst anzufangen. Zu hinterfragen, wie wir alle in dieser Hinsicht in alten Denkmustern gefangen sind. Die Motivation, daraus auszubrechen, war für mich die kritische Betrachtung meines eigenen Konsumverhaltens. In der Folge habe ich meine Konsumgewohnheiten in den letzten Jahren in allen Bereichen drastisch reduziert. So sehr, dass es sich für mich inzwischen fast schlecht anfühlt, wenn ich etwas Neues kaufe. Ganz so krass muss es bei dir natürlich nicht sein. Und schließlich gibt es ja auch immer noch Dinge, die man eben einfach braucht. Oder Sachen, die man schlicht gerne haben möchte. Das ist vollkommen okay. Nur sollte Konsum nicht als Lösung für andere Probleme dienen. Oder von außen diktiert werden.

Wer sagt dir also, wie dein eigener Wohlfühlstatus aussieht und wie viel du tatsächlich brauchst? Im besten Falle nur du selbst. Nicht die Werbung, nicht Freundinnen und Freunde, Nachbarn und Familie. Und vor allen Dingen nicht irgendein diffuser Zwang, der in Wirklichkeit nur einen tiefer sitzenden Wunsch, eine Sehnsucht oder ein Bedürfnis überdeckt. Beobachte dich ehrlich und analysiere, was dir wirklich guttut. So kann die Erinnerung an einen schönen Ausflug mit der Familie für dich viel wertvoller sein als der flüchtige Glücksmoment, wenn der Paketbote schon wieder eine Onlinebestellung bringt.

MAL MEHR, MAL WENIGER – KLEINE PANNEN AUF MEINEM WEG ZUM MINIMALISMUS

WAS ICH TUE, FALLS ICH MAL WIEDER ZU VIEL ZEUG HABE

Regelmäßig auszumisten ist bei mir inzwischen Routine. Trotzdem höre ich mich immer wieder mal den Satz sagen: „Wir haben einfach zu viel Zeug!". Und das hängt natürlich auch mit meinem Beruf zusammen.

Und da liegt es in der Natur der Sache, dass ich in regelmäßigen Abständen neue Dinge ins Haus hole. Auf meinen Social-Media-Kanälen stelle ich Produkte vor, die ich mag. Und ich werbe dafür. Davon lebe ich. Es ist mein Job. Ein Job, den ich sehr gerne ausübe. Aber natürlich ist es teilweise auch ein Spagat. Und diesen Spagat versuche ich so hinzukriegen, dass ich erstens genauestens auswähle, was ich präsentieren möchte, was ich für wirklich gut halte, was mich begeistert und wozu ich dann auch entsprechend mit meiner Überzeugung stehen kann.

Zweitens versuche ich, mich bei allem, was neu in meinen Hausstand aufgenommen wird, an die „One in, one out"-Regel zu halten: Ein neues Teil kommt rein. Ein altes Teil muss raus. Die Regel funktioniert im Großen und Ganzen super bei mir, ist aber trotzdem für mich kein Freifahrtschein dafür, ständig alle Sachen einfach nur so auszutauschen. Dafür bin ich nach einigen Jahren Erfahrung mittlerweile schon zu bewusst im Umgang mit meinem Konsum. Aber natürlich muss auch ich immer wieder an der konsequenten Umsetzung dieser Regel feilen.

Was Richard und ich tun, wenn wir das Gefühl haben, jetzt ist es doch ein bisschen zu viel des Guten geworden: Wir verschenken die Sachen im Freundes- und Familienkreis oder geben sie an soziale oder fair handelnde Organisationen weiter. One in, one out! In meinem Buch *Der Aufräumkompass* habe ich viele erprobte Möglichkeiten für die nachhaltige Weitergabe von guten und brauchbaren Sachen vorgestellt. Natürlich tun wir das nicht jedes Mal genau in dem Moment, in dem ich etwas Neues bekomme. Es sammelt sich meist ein bisschen was an – und dann kommt eben der Moment, an dem wir mal wieder alles gründlich durchgehen und entscheiden müssen, was bleiben kann und was nicht.

Und dann gibt es natürlich noch eine wunderbar kreative, ausgesprochen nachhaltige Methode: nämlich alten Dingen neues Leben einzuhauchen! Wie das geht, dokumentiere ich regelmäßig in meinen YouTube-Videos. Dort zeige ich zum Beispiel, wie man aus einem alten Ikea-Regal ganz einfach ein schickes, neues Sideboard bauen kann. Aus Alt mach Neu ist der perfekte Weg, ganz persönliche Unikate herzustellen. Dinge, die es so nur einmal gibt. Wenn ich für meine Community DIY-Kreationen austüftele und fertige, habe ich hinterher das erfüllende Gefühl, etwas Einzigartiges geschafft zu haben. Und das kannst du auch!

„Den Spagat aus Neuem und Altem zu halten, ist auch für mich ein Balanceakt."

MEIN TIPP:

„One in, one out" – mit dieser Regel sammelt sich auf Dauer nie zu viel Zeug in deinem Zuhause an.

MINIMAL MIMI

Seit 2015 beschäftigt sich Mimi auf ihrem YouTube-Kanal „Minimal Mimi“ mit den Themen Minimalismus, Nachhaltigkeit und Achtsamkeit. Ich habe sie schon zweimal zu Hause besucht. Das erste Mal, als sie noch in einer WG wohnte – und jetzt erneut in ihrer neuen Wohnung, in der sie nun alleine lebt. Mimi ist enorm inspirierend in ihrer konsequent minimalistischen, gleichzeitig undogmatischen Art. Ihr ruhiger, ehrlicher und authentischer Zugang macht ihre Videos zu einer Bereicherung für die minimalistische Bewegung. Ich lasse mir gerne von ihr zeigen, wie sie wohnt, wie sie ihren ganz persönlichen Weg zum Minimalismus erfahrbar macht. Auch ihre praktischen Tipps machen den Einstieg in ein minimalistischeres Leben leicht. Dazu hat sie auch ein Buch veröffentlicht. Mehr über Mimi findest du hier:

www.youtube.com/minimalmimi
www.instagram.com/minimalmimi/

HOMESTORY
BESUCH BEI MINIMAL MIMI

Minimalismus ist inzwischen eine richtige Bewegung geworden. Ich kenne viele inspirierende Menschen, die diese Lebensform für sich entdeckt haben – und nun damit viel glücklicher und leichter leben als zuvor. Einige stelle ich dir in diesem Buch vor. Ich habe sie zu Hause besucht und mit ihnen über ihre Erfahrungen besprochen. Den Anfang macht Minimal Mimi.

MIMI, WARUM HAST DU ANGEFANGEN, DEINEN BESITZ ZU REDUZIEREN?

Mimi: Als ich 25 war und noch studierte, war ich in einer Lebenskrise. Ich hatte eine Beziehung und war trotzdem mit allem total unzufrieden. Dabei sollte das doch eigentlich die schönste Zeit im Leben sein! Nur: Ich hatte kein richtiges Ziel. Sah im Leben keinen Sinn und fühlte mich innerlich leer. Es fehlte mir an Klarheit, was ich aus meinem Leben machen möchte. Mehr aus Zufall stieß ich damals auf die Idee des Minimalismus. Und stellte fest, dass ich mich mit lauter Dingen umgab, die ich gar nicht brauchte und die mich eher belasteten. Intuitiv fing ich an, auszumisten, und merkte dabei schnell, wie gut mir das tat und wie befreiend das war. Die Klarheit, die mir im Inneren fehlte, schuf ich damit zunächst in meinem äußeren Umfeld.

HAT DAS FUNKTIONIERT? AUCH FÜR DEINE INNERE KLARHEIT?

Mimi: Auf jeden Fall. Es hat auch andere Bereiche meines Lebens verändert. Ich fing automatisch an, bewusster zu konsumieren. Schnell kam ich auch auf das Thema „emotionaler Ballast“. Begann zu hinterfragen, ob ich einen Vollzeitjob nur haben möchte, um mir Konsum leisten zu können. Und ob ich wirklich nur für die Arbeit leben möchte. Ich begann mich zu fragen: Was ist mir wirklich wichtig im Leben? Das ist doch der Punkt, um den es wirklich geht! Und ja: Damit wurde das Ausmisten auch zu einem Prozess, um mich selbst zu finden.

WAS SIND FÜR DICH DIE VORTEILE EINES MINIMALISTISCHEN LEBENS?

Mimi: Also erst mal spart man viel Zeit. Es bringt einem eine gewisse Freiheit, je nachdem, wie weit man dabei geht. Es gibt ja auch die sogenannten „Rucksack-Minimalisten". Das sind Menschen, die nur so viel besitzen, wie in einen Rucksack passt. Damit haben sie die Freiheit, zu reisen, ganz ohne Verpflichtungen. Dann habe ich auch ganz praktische Vorteile gespürt: Wenn man weniger hat, nimmt einem das viel Entscheidungsenergie im Alltag ab. Ich stehe nicht mehr morgens vor dem Kleiderschrank, unschlüssig, was ich anziehen soll, weil ich den Wald vor lauter Bäumen nicht sehe. Ich nehme einfach etwas aus dem Schrank, weil darin nur Sachen sind, mit denen ich mich zu hundert Prozent wohlfühle. Und auch im Haushalt hat sich vieles vereinfacht.

WIE STEHST DU HEUTE ZU KONSUM? KONSUMIERST DU ÜBERHAUPT NOCH? UND WIE?

Mimi: Ich bin mit der Zeit immer bewusster damit umgegangen. Habe angefangen, mehr zu hinterfragen: Wo kommen die Sachen her? Wie werden sie hergestellt? Was für Auswirkungen hat das auf die Umwelt und die Menschen, die die Dinge produzieren? In der Regel sind damit ja viele, teils massive Umweltprobleme verbunden. Vor allem im Bereich Kleidung. In dieser Hinsicht habe ich mein Bewusstsein als Erstes geschärft. Gleichzeitig fing ich an, mich vegan zu ernähren. Weiter ging es dann mit dem Thema Müll. Wir alle produzieren viel zu viel Müll. Ich begann mich zu fragen, wie ich das reduzieren kann. Zum Beispiel durch müllvermeidenden Konsum. Wie kann ich da konsequenter vorgehen? Ich finde es wichtig, dass hier jede und jeder versucht, das Beste zu geben. In vielen Bereichen ist das auch gar nicht schwer. Und ja, Konsum an sich ist mir nicht mehr wichtig. Ich kaufe nur noch was, wenn ich wirklich etwas Neues brauche.

VERMISST DU NICHT MANCHMAL ETWAS?

Mimi: Shopping an sich vermisse ich überhaupt nicht. Mein jüngstes Shopping-Erlebnis war: Ich wollte für den Sommer kurze Hosen haben. Online war alles ausverkauft. Also dachte ich, ich gehe mal vor Ort gucken. Ich war in drei verschiedenen

Geschäften und einem Vintage-Laden. Zwei Stunden war ich in der Hitze unterwegs. Danach war ich total frustriert, weil ich nichts gefunden hatte. Das kommt mir wie verschwendete Lebenszeit vor. Das ist für mich kein Vergnügen. Ehrlich: Von meinem früheren Leben vermisse ich überhaupt nichts.

WELCHE TIPPS WÜRDEST DU MENSCHEN GEBEN, DIE AUCH MINIMALISTISCH LEBEN MÖCHTEN? WIE FÄNGT MAN DAS AM BESTEN AN?

Mimi: Das Wichtigste, was man sich fragen sollte, ist: Warum möchte ich überhaupt ausmisten? Was ist mein Ziel? Viele denken, es ginge einfach nur darum, möglichst wenig zu haben. Es geht aber darum, sich von Ballast zu befreien. Das ist ein wichtiger Unterschied! Was als Ballast empfunden wird, ist individuell verschieden. Da hat jede und jeder ein anderes Ziel. Und dann würde ich mir als Erstes etwas vornehmen, das so einfach auszumisten ist, dass man schnell ein Ergebnis sieht. Zum Beispiel eine Schublade, in der sich Krimskrams angesammelt hat. Oder irgendein anderer Bereich, es muss nicht unbedingt gleich der Keller sein. Wirklich etwas, wo man schnell Ergebnisse sieht. Und das Ganze positiv angehen! Nicht darauf konzentrieren, wovon man sich trennen – sondern darauf, was man behalten möchte. Dann erst einmal alles ausräumen und anschließend die Dinge, die man behalten möchte, als Erstes wieder einräumen. Das finde ich immer ganz besonders motivierend.

„Von meinem früheren Leben vermisse ich nichts."

WIE FINDE ICH DIE PERFEKTE ANZAHL AN DINGEN? BEDEUTET MINIMALISMUS, DASS MAN WIRKLICH NUR NOCH DAS ALLERNÖTIGSTE BESITZT? ODER GIBT ES EINEN MITTELWEG?

Mimi: Ich finde, es geht überhaupt nicht um eine wie auch immer gesetzte „Anzahl". Es gibt ja diese plakativen Beispiele, wo jemand nur noch mit 100 Dingen lebt oder so. Da bin ich kein Fan von. Es vermittelt eine falsche Vorstellung von Minimalismus und verzerrt, worum es bei der Sache eigentlich geht. Ich habe aus Prinzip noch nie meine Besitztümer gezählt. Ich finde das unwichtig. Die Zahl ist irrelevant. Sie ist bei allen individuell. Jede und jeder braucht andere Dinge. Das Grundprinzip ist: Es geht darum, persönlichen Ballast loszuwerden.

WIE FINDET MAN DABEI SEINE EIGENE WOHLFÜHLGRENZE? WIE WAR ES BEI DIR?

Mimi: Mit der Zeit habe ich immer weiter reduziert. Irgendwann hatte ich sogar mein Bettgestell aussortiert. Nur zwanghaft bin ich nie vorgegangen. Ich hinterfrage nicht akribisch jeden einzelnen Gegenstand. Sicher habe ich in der einen oder anderen Schublade irgendetwas liegen, was mich nicht unbedingt glücklich macht. Aber solange es mich nicht belastet, darf es ruhig bleiben. Mein Tipp: intuitiv und entspannt an die Sache rangehen.

BEKOMMST DU AUCH GEGENWIND FÜR DEINE ART ZU LEBEN? WIE WIRD ARGUMENTIERT UND WIE GEHST DU DAMIT UM?

Mimi: Zunächst aus dem privaten Umfeld. Meine Mutter zum Beispiel konnte das anfangs nicht so ganz nachvollziehen. Das hat auch damit zu tun, dass sie in der Sowjetunion aufwuchs. Da hat es überall am Nötigsten gefehlt. Deshalb hat sie ein anderes Verhältnis zu Dingen als ich. Sie versteht nicht, dass ich das freiwillig mache, mich freiwillig dafür entscheide. Sie selbst hatte, als sie noch in der Sowjetunion lebte, nicht die Wahl. Minimalismus bedeutet für mich nicht zwanghafter Verzicht – das ist so eines der gängigsten Vorurteile. Einige denken auch, Minimalismus sei nur etwas

für Leute, die sich übermäßigen Konsum sowieso nicht leisten könnten. Ich finde aber nicht, dass dies eine Frage von Einkommen oder Vermögen ist. Auch wenn man wenig Geld zur Verfügung hat, kann man dennoch jede Menge Dinge anhäufen. Ein weiteres Argument ist, dass sogenannter überflüssiger Ballast ein Luxusproblem sei. Meine Antwort: Warum sollte ich zu viele Dinge besitzen, nur weil ich es mir finanziell leisten könnte?

WAS ENTGEGNEST DU LEUTEN, DIE DIR SO ETWAS VORWERFEN? WIE WAR DAS ZUM BEISPIEL BEI DEINER MUTTER?

Mimi: Ich musste sie davon überzeugen, dass ich das freiwillig mache. Dass das für mich nichts mit Verzicht zu tun hat, sondern mit Lebensqualität. Das hat eine Weile gedauert. Mittlerweile hat sie es, glaube ich, verstanden. Sie kommt jetzt eher damit zurecht, obwohl sie mir manchmal noch Sachen schenken möchte. Zum Glück hat sie damit aufgehört, mich immer wieder zu diesem Thema zu löchern. Über Jahre ging das so. Inzwischen hat sie es akzeptiert.

UND SIE DARF DIR AUCH NICHTS MEHR SCHENKEN?

Mimi: Verbrauchsgüter schon. Seife oder Öle, solche Dinge. Sachen also, die ich tatsächlich gebrauchen kann.

DU HAST EINEN WUNDERBAREN YOUTUBE-KANAL. WAS WAR FÜR DICH DIE MOTIVATION, DAMIT ANZUFANGEN? WELCHE BOTSCHAFT MÖCHTEST DU VERMITTELN?

Mimi: Das ging ziemlich schnell. Ein halbes Jahr, nachdem ich anfing, Ballast zu reduzieren, hatte ich das Bedürfnis, mich mit anderen auszutauschen. In meinem privaten Umfeld konnte ich das nicht so recht. Ich habe nicht zu meinen Freundinnen und Freunden gesagt: „Ach, übrigens, ich habe meinen Hausstand reduziert. Ist total super!" Ich hatte vielmehr das Bedürfnis nach echtem Erfahrungsaustausch, auch, weil ich damals selbst online nicht viel fand. Mittlerweile gibt es viele Inhalte dazu. Ich hatte damals eine Kamera zur Hand und fing einfach an, Videos zu drehen. Ich merkte dann schnell, dass es ein Interesse daran gibt. Es wurde positiv aufgenommen. Also habe ich weitergemacht.

HAST DU THEMEN, DIE DIR BESONDERS AM HERZEN LIEGEN?

Mimi: Generell ist es mir wichtig zu vermitteln, dass Minimalismus Lebensqualität schenkt. Und ich widme mich mittlerweile mehr auch emotionalen Aspekten. Digitaler Minimalismus beschäftigt mich ebenfalls. Ich merke selbst, wie krass die Digitalisierung uns alle vereinnahmt. Wie viel Zeit das frisst. Ich habe zum Beispiel auch WhatsApp gelöscht. Weil ich feststellte, dass ich meine Freunde gar nicht mehr getroffen habe, weil wir uns sowieso alles nur noch in Sprach- und Textnachrichten erzählten. Das wollte ich nicht mehr. Solche Mechanismen hinterfrage ich heute. Es geht also nicht nur ums Materielle.

IN DEINEM BUCH SPRICHST DU AUCH DIE EMOTIONALE KOMPONENTE AN.

Mimi: Ja, unbedingt! Ich möchte alle Themen anschneiden. Auch das große Thema des Loslassens an sich.

„Minimalismus bedeutet nicht Verzicht. Sondern mehr Lebensqualität."

02

WENIGER ANZIEHSACHEN – BESSERER STIL

EINFACH TOLL AUSSEHEN – MIT WENIGER KLAMOTTEN

FAST FASHION – KONSUM VON GESTERN

Seien wir ehrlich: Bei vielen von uns quillt der Kleiderschrank förmlich über. Trotzdem stehen wir morgens davor und meinen, wir hätten nichts anzuziehen. Kein Klischee, sondern leider oft wahr. Gründe dafür gibt es viele. Als ich zum Beispiel noch Studentin war, lag es daran, dass ich oft Dinge kaufte, ohne vorher zu prüfen, ob sie mir wirklich stehen, mir wirklich gefallen, zu meinem Lebensstil passen oder ob ich vielleicht nicht schon Ähnliches im Schrank hatte. „Fast Fashion" ist die Bezeichnung für Mode, die extrem schnell produziert und zu extrem niedrigen Preisen verkauft wird. Diese Entwicklung ist noch vergleichsweise neu und hat dennoch bewirkt, dass sich unser Kleiderschrank in den letzten Jahren mehr und mehr gefüllt hat. Vom Design bis zur Stange sind es nur wenige Wochen. Deshalb gibt es in Fast-Fashion-Ketten nicht mehr wie früher vier Kollektionen im Jahr (Frühling, Sommer, Herbst und Winter), sondern teils sogar wöchentliche Mini-Kollektionen, damit die Konsumenten bei jedem Shoppingtrip etwas Neues im Laden vorfinden.

Kleidung ist heutzutage so günstig, dass die meisten von uns sie sich oft leisten können. Sie wird schnell gekauft, dann oftmals sogar nur einmal angezogen und nicht selten verschwindet sie inklusive Preisschild gleich im Schrank. Trotzdem tut das unserem Kontostand nicht weh. Genau das ist in vieler Hinsicht problematisch. Erstens aus durchaus pragmatischen, wenn auch egoistischen Gründen, weil solche Klamotten Platz wegnehmen. Stauraum, den wir zum Beispiel einfach frei lassen könnten für mehr Bewegungsfreiheit beim Wohnen. Oder aber wir könnten ihn für Dinge nutzen, die uns wirklich etwas bedeuten. Wichtiger ist aber, dass es viel Energie kostet, Kleidungsstücke einigermaßen nachhaltig wieder zu entsorgen. Wer schon damit angefangen hat, auszusortieren und auszumisten, weiß, wovon ich spreche. Eine Flohmarktaktion mit Freunden und Freundinnen kann Spaß machen, kostet aber auch viel Kraft. Man muss den Stand organisieren, alle Sachen zusammenpacken, dann zum Flohmarkt karren, den ganzen Tag dort stehen – und am Ende nimmt man oft die Hälfte der Sachen unverkauft wieder mit nach Hause. Zudem bekommt man auf dem Flohmarkt kaum Geld für Kleidungsstücke, auch wenn sie fast neu sind. Und man bezahlt überdies eine hohe Standmiete. Für Online-Flohmarkt-Plattformen wiederum muss man sehr gute Fotos machen und mit potenziellen Käufern oft viele Nachrichten hin- und herschicken, dann die Ware verpacken und versenden. So großartig diese Möglichkeiten sind, bleibt es doch immer ein Aufwand, den man sich absolut ersparen könnte, wenn man nicht bei jedem Teil zuschlägt, nur weil es ein super Schnäppchen ist.

BEWUSST MACHEN, WAS DAHINTERSTECKT

Alles in allem konsumieren wir solche Mengen an Kleidung, die nach kürzester Zeit wieder entsorgt werden müssen, dass es inzwischen kaum mehr Bedarf daran für Bedürftige gibt. Spendenannahmestellen geben nur noch die allerbesten Kleidungsstücke weiter, weil es ein enormes Überangebot an schlecht produzierter, billiger Kleidung gibt.

Besonders problematisch ist der miserable Standard der allermeisten Kleidungsstücke, die wir kaufen, obwohl wir sie nicht brauchen. Die Fast-Fashion-Industrie produziert Unmengen qualitativ minderwertiger Kleidung, meist aus Kunstfasern. Wir tragen diese Teile aufs Ganze gesehen nur für ein paar Tage am Körper. Danach aber verbleiben sie für lange Zeit auf diesem Planeten, weil Kunstfasern sich nur schwer abbauen – ein Problem, das wir auch von Plastik kennen. Eine Plastiktüte beispielsweise braucht etwa 20 Jahre, eine PET-Flasche bis zu 500 Jahre, bis sie verrottet!

Wenn wir beginnen, diese Konsumkette zu durchbrechen und auch beim Kauf von Kleidung einen minimalistischeren Weg einschlagen, wird nicht nur für uns persönlich vieles einfacher und leichter. Wir reduzieren damit auch massiv die Umweltbelastung. Und es kommt noch etwas hinzu: Wir alle haben in den letzten Jahren mitbekommen, unter welch katastrophalen sozialen Bedingungen Fast Fashion produziert wird. Die Produktion wird in Niedriglohnländer verlagert, wo Arbeiterinnen und Arbeiter die Kleidungsstücke unter mangelhaftesten Sicherheitsstandards für Hungerlöhne herstellen. Ich persönlich finde, dass allein das Wissen über diese Zustände den positiven Kick zerschlägt, den man sich durch die Shoppingtour in Fast-Fashion-Ketten erhofft.

In seinem Buch „Konsum – Warum wir kaufen, was wir nicht brauchen" weist Carl Tillessen darauf hin, dass zum ersten Mal in der Geschichte der Menschheit der Preis eines Kleidungsstückes nicht mit der Qualität seiner Herstellung korreliert. Ob ich mir ein Designer-T-Shirt für 500 Euro in einer edlen Boutique oder ein 5-Euro-T-Shirt bei einer Fast-Fashion-Kette kaufe, macht in Bezug auf die schlechten sozialen und ökologischen Bedingungen der Herstellung in der Regel keinen erheblichen Unterschied mehr aus.

KLEINE VERÄNDERUNG – GROSSE WIRKUNG

Dennoch möchte ich bei diesem Thema keinen radikalen Ansatz propagieren: Selbstverständlich meine ich nicht, dass wir unsere Kleidungsstücke tragen sollten, bis sie uns vom Leib fallen. Ich meine auch nicht, dass wir keine Kleidung mehr kaufen sollten. Ich möchte nur die Mechanismen der Modeindustrie etwas deutlicher machen. Wenn wir uns diese Hintergründe bewusst machen, kann das schon dazu beitragen, ein Umdenken zu bewirken. Es gibt mittlerweile so viele tolle Modelabels, die hohe Ansprüche an die Qualität ihrer Kleidung stellen, soziale Verantwortung für die Herstellungsweise übernehmen und demzufolge auch bessere Bedingungen für ihre Arbeiterinnen und Arbeiter schaffen. Noch nachhaltiger wäre es natürlich, nur noch Secondhandware zu kaufen, weil auf diese Weise gar kein neues Kleidungsstück mehr hergestellt werden müsste. Am allernachhaltigsten ist es, mit den Sachen auszukommen, die man im Schrank hat. Und da reicht es manchmal schon aus, hier und da ein paar Knöpfe auszutauschen oder das Teil ein bisschen umzuarbeiten – und schon sieht man es wieder mit neuem Blick und findet Gefallen daran! Letztlich entscheidest aber du selbst, wie weit du gehen möchtest, um auch im Bereich Kleidung ein bisschen zu verändern und minimalistischer zu leben.

Und schon sind wir mittendrin im Thema Nachhaltigkeit! Minimalismus und Nachhaltigkeit hängen eng miteinander zusammen. Sobald man beginnt, die schiere Menge der Dinge, die man besitzt, sowie die Art und Häufigkeit des eigenen Konsums zu hinterfragen, wird einem zwangsläufig die Frage nach den ökologischen und sozialen Bedingungen der Herstellung bewusst. Das passiert ganz automatisch. Mir ging es so – und ich kann mir gut vorstellen, dass das bei dir auch so ist. Trotzdem bin ich keine Heilige. Auch ich kaufe nach wie vor immer mal wieder etwas in einer Fast-Fashion-Kette. Meist Basics für Kids oder auch Strumpfhosen und Unterwäsche. Einfach aus dem Grund, weil es schnell gehen muss. Wir sind eben alle keine Engel! Andererseits habe ich es mir zur Gewohnheit gemacht, die meiste Kinderkleidung nur noch secondhand zu kaufen. Und ich habe alle Teile aus meinen Schrank genommen, die mir nicht wirklich gefallen. Dabei habe ich gemerkt, wie wichtig dieser erste Schritt ist: mich von allen ungeliebten Klamotten zu trennen und meine Anziehsachen nur noch auf diejenigen Teile zu konzentrieren, die mir wirklich gut gefallen, in denen ich mich hundertprozentig wohlfühle und die mir richtig gut stehen. Auf diese Weise bin ich mir meines persönlichen Stils noch mal so richtig bewusst geworden und habe meine Kleidung konsequent darauf abgestimmt, was wirklich zu mir passt.

Wenn du das auch ausprobieren möchtest, gibt es dafür sehr hilfreiche Methoden. Ein paar populäre Ansätze stelle ich dir nachfolgend vor – dann kannst du leichter für dich herausfinden, was dir sympathisch ist und welchen Weg du gehen möchtest, um das gute Gefühl zu haben: Du siehst einfach toll aus. Nachhaltig!

WENIGER IST MEHR: DAS BEISPIEL „THE TRUE COST“

Filmdokumentationen über die Fast-Fashion-Industrie gibt es viele. Die meisten sind ausgesprochen sehenswert. Eine, die mir besonders gut gefällt und einen hervorragenden Überblick zur Problematik billig hergestellter Mode gibt, ist „The True Cost“. Dieser Film zeigt anschaulich, wer im Grunde den Preis dafür bezahlt, dass wir uns jeden Tag ein neues Anziehteil für die nächste Party kaufen können. Der Film beleuchtet die Konsequenzen für die Umwelt und zeigt deutlich die sozialen Probleme der Herstellung auf. Was wirklich hinter industriell produzierter Wegwerfmode steckt und wer davon profitiert - das macht „The True Cost“ umfassend bewusst.

CAPSULE WARDROBE: MINIMALISTISCHE GARDEROBE - TYPGERECHT!

Capsule Wardrobe (CW) ist eine aktuell populäre Methode für einen minimalistisch ausgestatteten Kleiderschrank. Ziel ist eine überschaubare Anzahl von Lieblingsteilen, die sich untereinander gut kombinieren lassen. Damit kannst du mit wenigen Kleidungsstücken viele verschiedene Outfits zaubern! Voraussetzung ist natürlich auch hierbei, dass du zunächst deine Lieblingsteile definierst. Schau deinen Schrank einfach mal genau durch: Was trägst du am liebsten, worin fühlst du dich am wohlsten und was steht dir am besten? Vielleicht kannst du bei diesem ersten Sortieren sogar schon ein bestimmtes Farbschema erkennen, das deine individuelle CW ausmacht. Schlussendlich wird deine Garderobe hauptsächlich aus Basics bestehen, die sich vielfältig kombinieren lassen. Dazu, wenn du möchtest, ein paar Eyecatcher, die das Ganze aufpeppen. Viele CW-Fans wählen für die Basics neutrale Farben wie Weiß, Schwarz oder Beige. Das kannst du natürlich anders halten und dich für Farben entscheiden, die du richtig gerne hast und die dir super stehen.

Neben der Frage, worin du dich am wohlsten fühlst, gilt es noch zu berücksichtigen, was du im Alltag brauchst. Wenn du am liebsten den ganzen Tag in Jeans und T-Shirts herumlaufen würdest, aber in einer Bank arbeitest, brauchst du natürlich zusätzlich Kleidung für den Job. Prüfe hier, wie viel du wirklich benötigst. Ist es wichtig, jeden Tag ein anderes Kostüm zu tragen? Was in deinem Job üblich ist und von Chefetage und Team erwartet wird, musst du bei deiner Auswahl natürlich berücksichtigen. Letztlich sind dann aber alle Teile wunderbar miteinander kombinierbar. Deshalb ist das Prinzip der CW auch für modeaffine Leute geeignet, die sich am wohlsten fühlen, wenn das Outfit immer zur jeweiligen Tagesform passt.

LENA UND LISA

Lena und Lisa sind beide zweifache Mamas und leben in der Nähe von Frankfurt. Sie kennen sich schon seit über 17 Jahren und teilen die Leidenschaft für Mode. In den letzten Jahren begannen sie, sich intensiv mit dem Thema Capsule Wardrobe zu beschäftigen – und beschlossen schließlich im September 2020, ihre Erfahrungen auf dem Instagram-Account @everless.wardrobe zu teilen. Dort und in ihrem E-Book „Kleiderschrank Kompass – Dein Weg zur Capsule Wardrobe“ führen sie mit vielen Tipps und Inspirationen Schritt für Schritt zur persönlich passenden Capsule Wardrobe.

Instagram: @everless.wardrobe

Website: www.everless.eu

BESUCH BEI LISA UND LENA

Auf Lisa und Lena wurde ich durch ihren Instagram-Account @everless.wardrobe aufmerksam. Die beiden kennen sich super mit CW aus. Ich habe mit ihnen über ihre Erfahrungen gesprochen.

WIE KAMT IHR DAZU, EUCH MIT CAPSULE WARDROBE ZU BESCHÄFTIGEN?

Lisa und Lena: Uns ging eine Frage nicht mehr aus dem Kopf: „Warum haben wir einen vollen Kleiderschrank und trotzdem nichts anzuziehen?" Es dauerte eine Weile, bis wir verstanden haben, warum die Lösung dafür nicht darin besteht, mehr Kleidung zu kaufen. Wir merkten irgendwann, dass das nur den Frust über die Garderobe steigert und den Geldbeutel belastet! Auch die Tatsache, dass wir durchschnittlich in 80 Prozent unserer Lebenszeit nur 20 Prozent unserer Kleidung tragen, hat klargemacht, dass wir etwas verändern müssen.

WAS SIND DIE VORTEILE VON CW?

Lisa und Lena: Capsule Wardrobe ist eine Garderobe mit einer reduzierten Anzahl von Kleidungsstücken. Die sind farblich aufeinander abgestimmt, zeitlos und bieten viele Kombinationsmöglichkeiten. Eine gute CW passt zu dir, deinen persönlichen Bedürfnissen und deinem individuellen Alltag. CW gibt dir das Gefühl, dass in deinem Kleiderschrank ausschließlich Sachen sind, die du wirklich liebst und gerne trägst. Und auch die Umwelt profitiert davon. Nachhaltigkeit ist ein Grundgedanke beim Zusammenstellen der CW. Es geht nicht darum, zwingend nur Fair Fashion Brands zu kaufen. Sondern darum, jede Kaufentscheidung gründlich zu durchdenken und das eigene Konsumverhalten fairer und umweltverträglicher zu gestalten. Wenn man überlegt, dass ein Kleidungsstück durchschnittlich nur vier Mal getragen wird, und wir heute doppelt so viel Kleidung kaufen wie vor zehn Jahren, muss ein Umdenken stattfinden. Erst ab dem 30. Mal Tragen gilt ein Kleidungsstück als nachhaltig. CW trägt dazu bei, den persönlichen ökologischen Fußabdruck zu verkleinern.

WIE STELLT MAN DIE CW AM BESTEN ZUSAMMEN?

Lisa und Lena: Zur Orientierung haben wir die drei nötigen Schritte in unserem *everless-Prinzip* zusammengefasst: 1. Analysieren – den persönlichen Stil finden. 2. Reduzieren – Detox für den Kleiderschrank. 3. Umsetzen – Wunschgarderobe verwirklichen. Beim Analysieren geht es darum, sich Inspirationen zu suchen, den eigenen Stil zu entdecken, sein persönliches Farbkonzept zu erstellen und mithilfe von Outfit-Formeln funktionierende Kombinationen zu entwickeln. Der zweite Step bedeutet: ausmisten. Nur wenn du dir bewusst machst, welche Teile es verdient haben, Platz in deinem Kleiderschrank zu bekommen, wirst du am Ende eine passende CW zusammenstellen können. Im nächsten Schritt gilt es zu prüfen, ob vielleicht Kleidungsstücke fehlen. Wir empfehlen, eine Wunschliste aufzuschreiben – auch das hilft, die Kaufentscheidung bewusst zu gestalten. Wir persönlich gehen dabei nach dem Lieblingsmotto von Vivienne Westwood vor: „Weniger kaufen, besser auswählen, länger Freude daran haben."

WELCHE TEILE MÜSSEN UNBEDINGT DABEI SEIN?

Lisa und Lena: Da lässt sich keine pauschale Aussage treffen. Was für uns im Jahreszeiten-Übergang beispielsweise ein beiger Trenchcoat ist, ist für andere die schwarze Lederjacke! Am besten fährt man mit einem ausgewogenen Verhältnis von Statement Pieces (auffällige Kleidungsstücke), Key Pieces (Kleidungsstücke, die den persönlichen Stil unterstreichen) und Basics. Alles andere ist eine Frage der Lebensumstände und muss individuell angepasst werden.

GIBT ES EINE MAXIMALE ANZAHL AN KLEIDUNGSSTÜCKEN, AN DIE ICH MICH HALTEN SOLLTE?

Lisa und Lena: Wir sind keine Freundinnen dogmatischer Vorgaben. Trotzdem können sie Orientierung bieten. Das Prinzip CW kennt ein paar Methoden, die richtige Anzahl herauszufinden. Die bekanntesten sind:

CAPSULE
WARDROBE

CAPSULE
WARDROBE

— *Project 333:* Suche dir für 3 Monate 33 Teile aus (inklusive Schuhe, Accessoires und Schmuck).
— *10 x 10 Challenge:* 10 Teile, 10 Tage und jeden Tag ein neues Outfit.
— *CWs für verschiedene Anlässe* wie Business, Urlaub, Sport, Loungewear.

Bei jeder Methode gibt es kein Richtig oder Falsch. Man sollte sich also frei fühlen, auszuprobieren, wo die perfekte Anzahl liegt. Die kann auch variieren, etwa bei der persönlichen und beruflichen Garderobe. Daher könnte es von Vorteil sein, mehrere Varianten zu nutzen, zum Beispiel das Prinzip „10 x 10" für die Arbeit und das „Projekt 333" für die private Garderobe. So muss man die unterschiedlichen Anforderungen an den Kleidungsstil nicht mischen.

IST CW FÜR JEDE UND JEDEN GEEIGNET?

Lisa und Lena: Kurz und knapp: ja! Auch der Spaß an Mode lässt sich damit ausleben, weil man sich mit dieser achtsamen Art des Modekonsums sogar das eine oder andere hochwertige Teil leisten kann. Wahlloses Shoppen und unnützes Geldausgeben fallen weg. Vom orientierungslosen Rumshoppen hin zum durchdachten Einkaufen!

WARUM VERSUCHT IHR, DAS PRINZIP POPULÄR(ER) ZU MACHEN?

Lisa und Lena: Auf unserem Instagram-Account @everless.wardrobe geben wir Tipps rund um das Thema Capsule Wardrobe. Unsere Vision ist es, mehr Bewusstsein dafür zu schaffen, dass Nachhaltigkeit im Kleiderschrank bereits vor der Kaufentscheidung beginnt. Insbesondere auf Social Media wird viel zu viel darüber gesprochen, was wir alles kaufen sollten, statt darüber, ob das überhaupt Sinn macht!

SETZT CW NICHT VORAUS, DASS MAN SEINEN STIL BEREITS GEFUNDEN HAT?

Lisa und Lena: Manche sind unsicher und deshalb froh über unsere Empfehlung, mit Step 1 zu beginnen. Das ist definitiv die beste Grundlage, um sich eine gut funktionierende CW zusammenzustellen! Allerdings ist Stilfindung nichts, was von heute auf morgen stattfindet. Es ist ein Prozess und der braucht einfach seine Zeit. Der persönliche Stil spiegelt ja unsere Werte, Eigenschaften, schlicht: die gesamte Persönlichkeit wider und entwickelt sich aus dem, was wir erleben, wen wir treffen und wo wir herkommen. Zu Beginn kann es auch hilfreich sein, bewusst Inspirationen zu suchen und die Ideen an einem Ort zu sammeln, zum Beispiel auf dem Handy. Diese Sammlung macht es dann leichter, herauszufinden, was einem wirklich gefällt.

BEI VIELEN CWS DOMINIEREN DIE FARBEN SCHWARZ UND WEISS. GEHT ES AUCH BUNT?

Lisa und Lena: Klar! Wir lieben Farben und fühlen uns beide in der pastelligen Welt sehr wohl. Für eine CW ist nur ratsam, ein durchdachtes Farbkonzept zu erstellen, das beim Kombinieren funktioniert. Natürlich spielen Basics und gedeckte Töne eine große Rolle, aber wir ergänzen das immer mit Akzentfarben. Dazu haben wir auf unserem Account ein Instagram-Live abgespeichert, bei dem wir mit einer Farb- und Stilexpertin über das Thema sprechen.

WAS IST, WENN SICH MEIN GESCHMACK VERÄNDERT? KANN ICH DIE CW ANPASSEN ODER MUSS ICH DANN ALLES AUSTAUSCHEN?

Lisa und Lena: Dass sich Geschmack und Lebensumstände ändern, ist ein ganz normaler Prozess: Jobwechsel, Schwangerschaft, Umzug ... All solche Veränderungen bringen uns dazu, auch den Kleidungsstil zu hinterfragen. Das ist ok! Wenn man sich einmal eine durchdachte CW aufgebaut hat, bringen einen solche Phasen nicht aus der Fassung. Es genügt dann meist, Einzelteile auszutauschen, um sich wieder wohlzufühlen.

„Weniger kaufen,
länger Freude daran haben!"

CAPSULE WARDROBE – DIE 333-CHALLENGE

Die Project-333-Challenge ist eine Spielart der CW. Sie macht es leicht, mithilfe eines vorgegebenen Rahmens die eigene Garderobe zu minimieren und nach den eigenen Bedürfnissen zusammenzustellen. Die Challenge wurde von der Amerikanerin Courtney Carver gestartet und funktioniert so:

Du wählst 33 Dinge aus deiner Garderobe aus, mit denen du die nächsten drei Monate auskommen musst. Darin enthalten sind neben Kleidung auch Schuhe, Schmuck und Accessoires. Die restlichen Dinge aus dem Kleiderschrank werden in Boxen verstaut und für diesen Zeitraum nicht angerührt! Diese Challenge hat den Vorteil, dass du dich während dieser drei Monate nicht von den übrig gebliebenen Sachen trennen müsstest. Du könntest das natürlich tun, wenn du möchtest und dir danach ist. Aber es ist im ersten Schritt nicht nötig und du gewinnst dadurch Zeit. Wichtig ist aber, diese vorläufig verstauten Sachen nicht in Sichtweite zu lagern. In deinem Kleiderschrank sollten wirklich nur die für den Monat ausgewählten 33 Teile vorhanden sein! Bestimmte Kleidungsstücke werden jedoch nicht in die 33 auszuwählenden Teile miteinbezogen: Unterwäsche und Socken, dazu Kleidung, die du ausschließlich zu Hause oder zum Sport trägst, sowie Sachen zum Schlafen.

Die drei Monate sind an die Jahreszeiten angelehnt. Auf diese Weise kannst du dir für jede Saison (Sommer, Winter, Übergangszeit) eine geeignete Garderobe mit jeweils 33 Teilen zusammenstellen. Mein Tipp für die Challenge: Orientiere dich am CW-Prinzip: nur Lieblingsstücke und gute Kombinierbarkeit der einzelnen Teile untereinander. Und es sollten Stücke sein, die zu dir und deinen Alltagsanforderungen passen.

GÖNN DIR EINE STILBERATUNG

Vielleicht geht es dir ähnlich wie mir: Ich wusste eine Zeit lang überhaupt nicht, welcher Stil zu mir passt. Deshalb konnte ich mich schlecht auf einen Garderobenstil festlegen. Ehrlich gesagt, habe ich dieses Problem auch heute noch: Immer noch weiß ich nicht recht, mit welcher Art Kleidung ich mich wirklich identifizieren kann. Ich habe zwar nicht viel im Schrank und auch nur Teile, die ich wirklich gut finde, aber ich könnte sicherlich noch an der Kombinierbarkeit schrauben oder bei der Zusammenstellung von Outfits kreativer sein.

Wenn es dir auch so ergeht oder du grundsätzlich das Gefühl hast, viel zu viele Dinge im Schrank hängen zu haben, von denen du nicht mit Sicherheit sagen kannst, ob sie dir stehen und zu dir passen, ist eine Stilberatung eine gute Möglichkeit, um Klarheit für dich zu schaffen. Das muss nicht immer ein Profi sein, obwohl man sich auch das durchaus mal gönnen könnte (oder schenken lassen kann). Vielleicht möchtest du eine Freundin oder einen Freund bitten, dir zu helfen. Eine Person, die du als stilsicher empfindest und der du zutraust, dich ehrlich und gut beraten zu können. Ich selbst habe eine gute Freundin, die Stylistin ist. Ich habe mir schon vorgenommen, sie nach der Schwangerschaft einzuladen, um mir von ihr helfen zu lassen, die nach der Geburt für mich passende Garderobe zusammenzustellen.

Mitunter haben andere einen unverstellteren Blick darauf, was sich aus den vorhandenen Kleidungsstücken stylemäßig herausholen lässt. Im Internet gibt es Tests, mit denen du herausfinden kannst, welcher Farbtyp du bist. Die Ergebnisse sind nicht immer ganz eindeutig, aber vielleicht findest du damit etwas Passendes für dich. Hilfreich kann auch sein, ein Pinterest Board zu erstellen, auf dem du Bilder von Outfits, die dir gefallen, sammelst. Daran lässt sich sehr gut ein Muster erkennen, wonach du die Basics für deine CW herausfiltern kannst. Taucht auf vielen Fotos zum Beispiel Jeanskleidung auf? Oder eine bestimmte Farbe? Sind die Kleidungsstücke auf den Beispielen eher sportlich oder elegant? Auf diese Aspekte hin kannst du deinen Kleiderschrank überprüfen und passend zu deinen Vorlieben die Basics zusammenstellen.

KLEIDUNG RICHTIG KAUFEN UND PFLEGEN

Wie erwähnt, bedeutet Minimalismus nicht, dass du deine Kleider tragen sollst, bis sie dir in Fetzen vom Leib hängen. Natürlich kaufst du dir auch mal etwas Neues! Entscheidend ist nur, was, wie viel und wie oft du kaufst. Fangen wir mit dem Was an. Selbstverständlich ist hierbei Qualität der kaufentscheidende Punkt. Ein 5-Euro-Kleid aus Polyester, das sich nach der ersten Wäsche schon verzogen hat und nach der zweiten Wäsche fast in seine Einzelteile auflöst, wäre offensichtlich nicht die beste Wahl. Natürlich übertreibe ich ein wenig. Doch die Qualität der Stoffe und ihrer Verarbeitung spielt eine wesentliche Rolle für die Haltbarkeit und Nachhaltigkeit eines Kleidungsstücks. Leider ist hierbei der Preis nicht unbedingt ein Anhaltspunkt. In einer Hinsicht kann er dennoch eine Richtschnur sein: Etwas Superbilliges kann unmöglich unter fairen und umweltgerechten Arbeitsbedingungen mit hochwertigen Materialien hergestellt worden sein. Andersherum muss etwas, das teuer ist, leider nicht zwingend so hochwertig sein, wie es der Preis vermuten ließe.

Am nachhaltigsten ist es, secondhand zu kaufen, weil dabei keine Kleidung extra produziert werden muss, sondern die Kleidungsstücke weiterverwendet werden, die schon im Umlauf sind. Das mache ich persönlich am liebsten. Mittlerweile sind die Möglichkeiten dafür riesig. Man bekommt secondhand sämtliche nur denkbaren Kleidungsstücke, Accessoires, Schuhe und Taschen aller Marken und Preiskategorien. Nur neu sind sie natürlich nicht. Mir persönlich ist das nicht so wichtig. Es gibt mir sogar ein gutes Gefühl, zu wissen, dass das Kleidungsstück schon öfter gewaschen wurde und demzufolge keine Schadstoffe mehr enthält. Mir gefällt auch der Gedanke, dass es vor mir schon ein anderes Leben geführt hat. Natürlich sollten die Sachen nicht völlig heruntergerockt aussehen. Das Angebot ist aber so groß und erschwinglich, dass man garantiert das Richtige finden kann. Aber natürlich ist dieses große Angebotsspektrum auch ein Ausdruck unseres Überkonsums. Deshalb ist neben der Qualität auch von Bedeutung, die richtigen Kleidungsstücke zu kaufen. Das Kleid in Schlangenoptik, das man unbedingt für diese eine Party haben möchte, wird wahrscheinlich auch nur auf dieser einen Party getragen. Es sei denn, man steht auf Schlangenmuster (so wie ich auf Leo-Prints), dann könnte es ein Evergreen werden!

IMMER RICHTIG: DEIN BAUCHGEFÜHL

Kaufe nur Kleidungsstücke, bei denen du das Gefühl hast, sie werden dir lange gefallen. Ein mit Klassikern und Evergreens bestückter Kleiderschrank gibt dir die Gewissheit, nicht ständig Neues zu brauchen, um dich wohlzufühlen. Klar kann man nicht immer genau wissen, wie lange einem etwas gefällt. Dein Bauchgefühl wird es dir schon sagen. In meinem Buch „Der Aufräum-Kompass" habe ich diese Entscheidungshilfe Die 100-Prozent-Regel genannt. Wenn du nicht hundertprozentig von einem Kleidungsstück überzeugt bist, kaufe es nicht. Auch nicht, wenn es auf einer Secondhand-Plattform nur 1,50 Euro kostet. Denk immer daran: Du musst es im Zweifelsfall auch wieder loswerden. Und zwar auf nachhaltige Weise. Einige Freundinnen von mir haben es sich zur Gewohnheit gemacht, auf Flohmärkten zehn Teile für 15 Euro mitzunehmen und erst zu Hause zu prüfen, was ihnen davon gefällt und was nicht.

„Tut ja nicht weh“, sagen sie dann. Ich möchte diese Einstellung nicht verurteilen, weil auf dem Flohmarkt zu kaufen immer noch besser ist, als in die Fast-Fashion-Kette zu rennen. Dennoch denke ich nicht, dass dies ein zielführender Weg zu bewussterem Konsum ist – und auch nicht zu einem minimalistischeren Leben.

WAHRE WUNDER

Ein weiterer wichtiger Punkt ist die Pflege der Kleidung. Sie soll ja lange schön bleiben! Dazu gehört, dass wir sie richtig waschen. Also darauf achten, die passende Temperatur zu wählen und das passende Waschprogramm sowie natürlich das richtige Waschmittel. Während meines Studiums jobbte ich in einem Jeansladen. Dort lernte ich, dass man Jeans zum Beispiel immer auf links drehen und nur bei 30 Grad waschen sollte.

Außerdem weiß ich seither, dass Weichspüler die Fasern der Stoffe angreifen. Das führt dazu, dass sie schneller reißen. Bei bestimmten Stücken lohnt es sich, sie gelegentlich in die Reinigung zu geben. Auch probat: Wenn du bei Teilen, die du schon länger besitzt, wieder einmal das schöne „Neu“-Gefühl erleben möchtest, schadet es nicht, die Sachen zu bügeln, die du normalerweise nicht unbedingt bügelst. Und noch ein ganz persönlicher Tipp von mir: Ein Fusselrasierer bewirkt wahre Wunder. Wenn du Kleidungsstücke hast, die zu Pilling neigen, sehen sie nach einer Behandlung mit dem Wunderteil fast wie neu aus.

SO BLEIBT DEINE KLEIDUNG LANGE SCHÖN

1. Kleidung schonend waschen: den richtigen Waschgang und die richtige Temperatur wählen
2. Sanftes Waschmittel und keinen Weichspüler benutzen
3. Möglichst selten in den Trockner geben (nur Sachen, die sich ausdrücklich dafür eignen)
4. Fusselrasierer benutzen
5. Helle und dunkle Kleidung immer getrennt waschen

„Behandle deine Kleidung gut, dann hast du lange Freude daran und sparst Ressourcen, Nerven und Geld!“

Kleidungsstücke, an denen ich hänge, gebe ich, wenn sie kaputtgehen, gern in die Schneiderei, um sie ausbessern zu lassen. Das mache ich so mit Jeans oder meiner geliebten Lederjacke, die ich seit vielen Jahren besitze. Das spart eine Menge Geld und ich muss mich nicht von meinen Lieblingsteilen trennen. Kleinere Ausbesserungen kann man natürlich auch selber vornehmen. Ein Riss lässt sich ganz einfach zunähen, per Hand oder mit der Nähmaschine. Du kannst ihn zum Beispiel mit einem Stück Stoff von der Innenseite her verstärken und dann mit einem Zickzackstich vernähen. Oder du nimmst einen Aufnäher, um das Loch zu verdecken, und hast damit zugleich einen Blickfang, der das Kleidungsstück aufpeppt. Bei Kinderkleidung sieht das sehr süß aus.

Damit deine Anziehsachen von Natur aus lange schön bleiben, achte bitte schon beim Kauf auf die Art und Qualität des Stoffes. Je unempfindlicher und hochwertiger er ist, desto länger bleiben die Sachen schön. Und wenn du möchtest, guck doch mal auf die Website der Bundesregierung www.siegelklarheit.de. Hier findest du Infos über verschiedene Kleidungssiegel, die auch Auskunft über den Grad der nachhaltigen Produktion geben.

TIPP

Falls du Textilien weggeben möchtest, hast du verschiedene Möglichkeiten: Ist die Kleidung gut erhalten, kannst du sie verschenken, verkaufen oder spenden, zum Beispiel über Flohmarkt-Apps und Kleinanzeigenportale. Vielleicht freut sich auch eine Freundin darüber! Alte Handtücher oder Bettwäsche kannst du zu Putzlappen umfunktionieren. Aus Hemden und Blusen lassen sich tolle Kinderkleider und -hemden nähen. Oder noch kreativer: Babymützchen aus T-Shirts und Taschen aus Jeans. Upcycling-Inspirationen findest du im Internet und in Büchern. Einfach mal stöbern!

DIY-UPCYCLING: VOM HERRENHEMD ZUM KINDERKLEID

Besonders süß finde ich dieses Sommerkleid, das ich aus einem abgelegten Herrenhemd genäht habe:

DAS BRAUCHST DU:

— 1 abgelegtes Herrenhemd

— Nähmaschine, Garn, Schere und sonstiges Nähzubehör

— 1 Kinderkleid oder eine Bluse als Vorlage

UND SO GEHT'S:

01: Übertrage die Umrisse des Kinderkleides auf das gut gebügelte Herrenhemd. Lege das Kleid dabei so an, dass du den Saum des Hemdes ebenfalls als Kleidersaum nutzen kannst – damit sparst du dir Arbeit. Achte darauf, dass die Knopfleiste mittig liegt, und zeichne den Halsausschnitt gerade an.

02: Füge rund um den Umriss des Kleides eine 1 cm breite Nahtzugabe hinzu.

03: Schneide Vorder- und Rückseite des zu nähenden Kleides entlang der Nahtzugabe aus.

04: Für die Träger des Kleides zeichnest du auf beiden Ärmeln des Hemdes der Länge nach insgesamt acht 4 cm breite Streifen auf. Schneide sie ebenfalls aus.

05: Versäubere alle Schnittteile auf der Nähmaschine mit dem Zickzackstich.

06: Nähe jeweils zwei Streifen für die Träger rechts auf rechts zusammen, mit einer Nahtzugabe von 1 cm, und wende die Träger. Hier hilft dir eine Stricknadel oder ein Sushistäbchen, um den langen schmalen Schlauch umzustülpen. Bügle die Träger glatt.

04

05

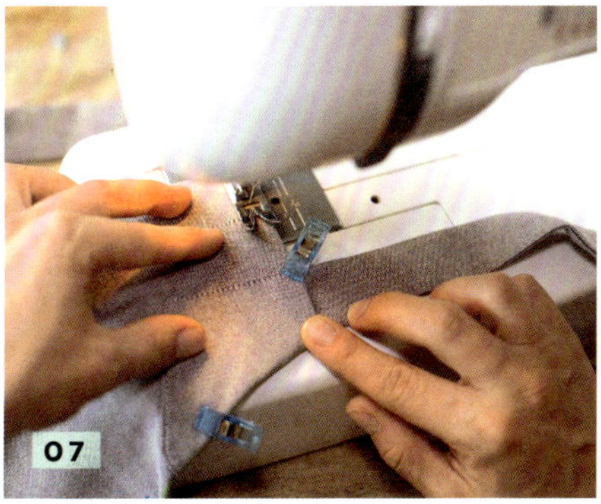

07

07

08

08

07: Nähe die Kanten der Armausschnitte und des Halsausschnittes knapp an den Kanten um. Nähe gleichzeitig die Träger am Halsausschnitt fest. Die Träger sitzen hinten und vorne jeweils rechts und links an der Kante des Halsausschnittes, direkt am Übergang zum Armausschnitt.

08: Nähe die Vorderseite und die Rückseite des Kleides rechts auf rechts aufeinander. Fertig!

03

MINIMALISTISCH WOHNEN – MEHR PLATZ ZUM GLÜCKLICHSEIN

GIB DEINEM LEBEN MEHR RAUM

WAS BEDEUTET MINIMALISTISCHES WOHNEN?

Beim Thema Wohnen liegt Minimalismus besonders im Trend. Sicher hat bei euch – wie auch bei mir – die Corona-Pandemie dazu beigetragen, das eigene Zuhause ein bisschen verändern zu wollen. Und das bedeutete in meinem Fall: es übersichtlicher zu gestalten. Wenn man jeden Morgen aus dem Haus muss, um zur Arbeit zu gehen, wird man beim Blick auf die eigene Wohnung mit der Zeit etwas betriebsblind. Wenn man abends heimkommt, möchte man meist einfach nur noch etwas essen, sich entspannen oder mit den Kindern spielen. Wie die Wohnung aussieht, ist dann eher Nebensache. Zumindest trifft das auf mich zu, wenn ich viel auswärts zu tun habe. Anders verhält es sich, wenn man im Homeoffice arbeitet und plötzlich viel Zeit in den eigenen vier Wänden verbringen muss. Da fällt all das Gerümpel, in dem viele von uns wohnen, plötzlich richtig auf! Und natürlich ist auch alles viel schneller unordentlich und schmutzig, wenn die ganze Familie die meiste Zeit des Tages zu Hause verbringt. Unter diesen Umständen wurde mir so richtig bewusst: Je mehr Zeug wir haben, desto mehr Zeug liegt auch überall herum. Ich dachte automatisch: „Wir haben viel zu wenig Platz!“ Mein zweiter Gedanke war jedoch schnell: „Wir haben viel zu viel Zeug!“

WENIGER DINGE

Ich glaube, mir ging es nicht allein so. Man sieht es daran, dass die Immobilienpreise seither explodieren und die Altkleidercontainer förmlich überquellen. In der Pandemie mussten viele irgendwie Platz fürs Homeoffice schaffen, und so waren die meisten von uns gezwungen, den wenigen Raum, der zur Verfügung steht, kreativ und effizient zu nutzen. Es hat ja schließlich nicht jeder die Möglichkeit, einfach in eine größere Wohnung umzuziehen. Diese Herausforderung ist aber auch eine Chance, sich zu fragen: Wie möchte ich eigentlich wirklich leben? Wenn mehrere Personen über längere Zeit den Wohnraum rund um die Uhr miteinander teilen, liegt die Frage auf der Hand, wie sich das alles vereinfachen – und der Wohnraum freier gestalten lässt. Die Lösung dafür ist so klar wie Kloßbrühe: weniger Dinge! Wir haben alle den lieben langen Tag so viel mit unseren Jobs, Pflichten, Familien, Kindern, Partnern und Hobbys zu tun, dass wir uns beim Wohnen nicht mit Dingen belasten sollten, die unnötig Zeit und Energie kosten.

ÜBERFLÜSSIGES RAUS!

Mich hat die Pandemie dazu gebracht, noch einmal aufs Neue alle meine Sachen durchzugehen und auszumisten, wo noch Bedarf bestand. Zum Glück war das nicht mehr allzu viel, weil ich ja schon seit längerer Zeit darauf achte, keine überflüssigen Dinge mehr in meine Wohnung zu lassen. Wenn etwas Neues kommt, muss etwas Altes gehen. Aber natürlich hatte auch ich eine Baustelle, die ich noch in Angriff nehmen wollte: die Optimierung unseres Stauraums. Vielleicht erinnerst du dich, dass ich in meinem „Aufräum-Kompass“ den Tipp gab, niemals zu viel Stauraum für mögliche neue Dinge frei zu lassen? Bei dieser Maxime bleibe ich unbedingt. Stauraum sollte erst dann geschaffen und optimiert werden, wenn man mit dem Ausmisten komplett fertig ist. Dann erst lässt sich bemessen, wie viel Stauraum man tatsächlich noch benötigt. Das verhindert, dass man in Zukunft noch irgendwelche unnötigen Sachen einfach hinter Schranktüren verschwinden lässt.

Ich gebe zu: Bei mir waren einige Stauraumlösungen bis dahin eine ziemliche Katastrophe. Unsere Kleidung war auf drei unterschiedliche Schränke verteilt, das Putzzeug unter der Spüle gestapelt, die Vorräte eher unübersichtlich in Küchenschränken verstaut. Es funktionierte so weit, löste aber bestimmt nicht das Glücksgefühl aus, das Marie Kondo verspricht, wenn man Schränke und Schubladen ordentlich aussortiert. Und genau das nahm ich mir dann auch vor. Minimalismus bedeutet ja in erster Linie, keine kaum genutzten und ungeliebten Dinge zu besitzen. Von solchen Sachen bleibt nach dem Ausmisten letzten Endes aber immer noch etwas übrig. Und dieser Rest muss irgendwo hin, wenn man davon träumt, eine minimalistischere Wohnatmosphäre zu schaffen.

BITTE KEINE KLOSTERZELLE!

Falls du schon einmal Gelegenheit hattest, in einer sehr minimalistischen Wohnung zu Gast zu sein, ist es dir vielleicht ähnlich ergangen wie mir: Der Anblick solcher Wohnräume löst bei mir immer eine große Faszination aus. Er inspiriert mich einerseits, führt andererseits aber dazu, dass mir bewusst wird, dass ich selbst doch gerne ein paar Dinge mehr in meiner Wohnung stehen hätte. Ich finde superminimalistische Wohnungen toll, möchte mich aber trotzdem mit ein paar schönen Dingen umgeben. Da eine Balance zu finden, ist die persönliche Herausforderung! Der Look einer Klosterzelle wäre nichts für mich. Vielleicht ist diese Aufgabe für dich leichter als für mich. Vielleicht bist du in dieser Hinsicht konsequenter als ich! Auf jeden Fall wirst du dich durchs Ausmisten der perfekten Menge an Dingen, die du brauchst und die dich glücklich machen, stark annähern.

Als ich vor Jahren mit dem Ausmisten begann, hatte ich tatsächlich das Gefühl, zu viel Kram um mich herum zu haben. Mein Vater zog damals aus der gemeinsamen Wohnung aus und ließ viel zurück. Einerseits war das gut. Ich hatte kein Geld, um mich neu einzurichten. Ich kam gerade aus dem Studium und war entsprechend pleite. Also fing ich zunächst an, alles so günstig wie möglich umzugestalten. Bald darauf kam mir die Erkenntnis, dass ich viele Möbel und Dinge eigentlich gar nicht benötigte. Mein Vater hatte die 86-Quadratmeter-Wohnung bis in den letzten Winkel effizient genutzt. Mit Regalen, Ablagen und Schränken. All das brauchte ich eigentlich gar nicht. Und so trennte ich mich von vielem. Als ich damals mit meinem YouTube-

Kanal anfing, war meine Wohnung deshalb schon in einem recht spartanischen Zustand. Ich mochte das sehr und bekam dafür viel positives Feedback. Als ich dann aber begann, vieles selber zu bauen und zu gestalten, wurde in meiner Wohnung schnell alles wieder etwas voller, bis ich schließlich an den Punkt kam, dass es einfach zu voll wurde! Beim DIY gingen schlicht die Pferde mit mir durch, und ich merkte schnell, dass das im Grunde gar nicht die Art Einrichtung war, in der ich mich wirk-

lich sehe. Ich fühlte mich beengt. Durch Marie Kondo wurde mir klar, dass ich Dinge angehäuft hatte, die keinerlei Bedeutung und keinen Nutzen für mich hatten. Daraufhin kam der große Befreiungsschlag in Form einer wochenlangen Ausmisten-Aktion! Du siehst an dieser kleinen Geschichte: Du musst nicht von heute auf morgen eine radikale Minimalistin werden! Probiere dich aus, taste dich ans Thema heran, horche in dich hinein. So lange, bis du an dem Punkt angekommen bist, wo du dich am Ziel fühlst. Es gibt keine Niederlagen, solange du dein Ziel im Auge behältst, immer wieder nachjustierst und daran wächst.

Du merkst schon: Ich bin kein Fan von Dogmen. Deshalb gibt es für mich auch keine Regel, ab wann eine Einrichtung als minimalistisch gelten kann. Jede und jeder hat da ein anderes Empfinden. Das kann ganz unterhaltsam sein. Das merke ich immer, wenn ich Besuch bekomme. Wer in einer sehr vollen Wohnung lebt und zum ersten Mal zu mir kommt, empfindet meinen Wohnstil womöglich als zu karg. Wer streng minimalistisch wohnt, würde hingegen wahrscheinlich noch die Hälfte meiner Einrichtung aussortieren, um sich bei mir wohlzufühlen. Du erinnerst dich vielleicht an die kleine Anekdote aus meinem *Aufräum-Kompass*? Sie drehte sich um unser Bad. Es ist wirklich, sagen wir: sehr übersichtlich. So übersichtlich, dass eine Freundin, die mich besuchte, fragte, ob unser Bad noch nicht fertig eingerichtet sei. Für mich hingegen strahlt dieser Raum, so aufgeräumt und clean er ist, eine große Ruhe und Sauberkeit aus.

BEDÜRFNIS NACH RUHE

Wenn du dich nach mehr Ruhe und Übersicht in deinen vier Wänden sehnst, aber nicht mit nur einem Tisch oder Stuhl auskommen möchtest, gibt es ein paar Möglichkeiten, deine Wohnung mit wenigen Tricks ruhiger und harmonischer zu gestalten, nachdem du das Ausmisten beendet hast. Dazu kannst du entweder Möbel und Dinge im Raum reduzieren und im Gegenzug ein wenig üppiger mit Wandfarben und/oder Tapeten experimentieren. So haben wir das zum Beispiel in unserem Schlafzimmer gehalten – mit einer dunklen, dramatisch wirkenden Blumentapete an einer Wand. Ich liebe diese Tapete und ihre Wirkung sehr. Sie ist vielleicht nicht minimalistisch im engeren Sinne. Dafür haben wir aber alles andere im Raum sehr reduziert. Ein Bett, ein Schrank, fertig! Nur minimale Deko, mehr braucht es nicht. Ein guter Weg, um mit wenigen Dingen dennoch eine wohnliche Atmosphäre zu schaffen.

Möchtest du es aber noch cleaner und minimalistischer haben, kannst du ein einheitliches Farbschema für die komplette Wohnung wählen. Seit einiger Zeit sieht man viele Ton in Ton gehaltene Wohnungen. Das Gros der Minimalistinnen und Minimalisten entscheidet sich für helle Naturtöne und viel Weiß. Es scheint ein großes Bedürfnis nach Ruhe zu geben in unserer schnelllebigen Zeit. Das kann ich sehr gut nachvollziehen. Wenn deine Möbel nicht in diesem cleanen Look gehalten sind, brauchst du dich aber nicht stressen zu lassen: Im Sinne der Nachhaltigkeit halte ich es sowieso für besser, erst mal mit den Dingen und Möbeln zu arbeiten, die man ohnehin schon besitzt. Nach und nach kannst du dann dein Mobiliar austauschen und erneuern. Achte dabei aber auf Qualität und Zeitlosigkeit. Zwischenzeitlich kannst du deine alten Möbel auch neu lackieren. Gerade bei schönen Lacken gibt es tolle Produkte, die die Umwelt nicht zu sehr belasten. Außerdem macht es wahnsinnig Spaß, solche Arbeiten selber zu machen. Und es ist immer wieder erstaunlich, welchen Effekt ein neuer Anstrich auf Möbel und Ambiente hat! Wichtig ist nur, dass dein Zuhause am Ende so wirkt, dass es dich, sobald du zur Tür hereinkommst, runterbringt vom Stress des Tages. Aber das heißt nicht, dass du alles in Weiß halten musst. Wenn du die Farbe Grün zum Beispiel lieber hast, nur zu! Hauptsache, du reduzierst deine Habe und vereinheitlichst schließlich den Look. Streichen kann man übrigens nicht nur Möbel und Wände, sondern auch Wohnaccessoires wie Vasen oder Bilderrahmen. Du kannst auch deine eigene kleine Kunstgalerie in deinen Lieblingsfarben gestalten. Die untenstehenden Tipps dazu können dich inspirieren.

INTELLIGENTEN STAURAUM SCHAFFEN

Eine weitere Möglichkeit, mehr Harmonie und Übersicht in deine Wohnung zu bringen, ist intelligenter Stauraum. Aus minimalistischer Sicht bedeutet das: schöne, schlichte, klare Fronten, hinter denen sich alles gut unterbringen lässt. Und ein Ordnungssystem, das übersichtlich wirkt. Dafür sind Einbauschränke super geeignet. Deswegen wollte ich auch unbedingt so einen Schrank für unsere Kleidung haben. Ich mag den aufgeräumten Look! Laut Marie Kondo sind solche Schränke in Japan in

jeder Wohnung zu finden. Sie empfiehlt, so viel wie möglich darin unterzubringen. Das Beispiel Japan zeigt, dass man umso kreativer mit Stauraum sein muss, je weniger Platz man hat.

Vielleicht denkst du jetzt, dass ein Wandschrank niemals bei dir reinpassen würde. Es lohnt sich aber unbedingt, Platz dafür zu schaffen. Je kleiner die Wohnung, desto mehr sollte man darauf achten, sie ordentlich und übersichtlich zu halten, sonst fühlt man sich schnell erdrückt. Schau mal, ob es in deiner Wohnung nicht doch irgendwo Nischen und Winkel gibt, die sich eignen, um Stauraum zu schaffen. Bei mir waren das meine zwei Flure. Einer davon ist ein dunkler Schlauch. Der andere ist winzig und bietet keinerlei Stellfläche. In den größeren haben wir unseren Kleiderschrank eingebaut. Dadurch wurde der Flur zwar kürzer, doch dieser dunkle Raum kann jetzt bestmöglich genutzt werden. Dazu kam ein schönes Lichtkonzept, und nun erfüllt der Flur optimal seinen Zweck. Eine andere Ecke des Flurs habe ich mit einem hohen, rechteckigen Schrank ausgestattet. Auch dieser Winkel wäre sonst ungenutzt geblieben. Ich hätte auch absolut nichts dagegen gehabt, diesen Platz einfach leer zu lassen. So aber habe ich nun die Möglichkeit, Putzmittel und Werkzeug ordentlich zu verstauen und übersichtlich zu lagern. Das war vorher nicht der Fall.

UND SCHWUPS – VIEL MEHR PLATZ!

Weil wir den größeren Flur umgestalteten, mussten die Bücher, die vorher dort in Regalen standen, umziehen. Auch hierfür suchte ich nach einer Lösung, die zweckmäßig sein sollte und uns nicht in der Bewegungsfreiheit einschränkt. Ich baute daher ein Bücherregal über die Türrahmen im kleineren Flur. Um uns ein Buch zu holen, brauchen wir jetzt zwar eine Leiter, aber wir finden das gemütlich, weil es ein bisschen was von Bibliothekscharakter hat. Dieser Flur wird sowieso nur als Durchgang in andere Räume genutzt, deswegen ist unsere kleine Bibliothek hier perfekt untergebracht. Und klar habe ich die Bücher nach Farben sortiert! Das mögen viele Buchliebhaber zwar nicht so gern, aber ich habe zum Glück einen toleranten Mann, den das nicht stört, obwohl es alles seine Bücher sind. Ich finde, das ist eine einfache Möglichkeit, um optisch mehr Ruhe ins Bücherregal zu bringen. Das gilt übrigens auch für Kleidung: Nach Farben sortiert, wirkt in den Schränken und Regalen alles noch mal deutlich ordentlicher.

Es ist auch immer eine gute Idee, sich Gedanken darüber zu machen, wie sich Schränke und vorhandene Stauräume noch besser nutzen lassen. Manchmal können ein paar Regalbretter mehr dazu führen, dass man dafür einen anderen Schrank komplett aussortieren kann. Wir haben im Kinderzimmer zum Beispiel einen alten Bauernschrank, der für die Hochzeit meiner Großeltern angefertigt wurde. Obwohl ich mir mittlerweile bessere Stauraumoptionen für dieses Zimmer vorstellen könnte, mag ich mich nicht von dem Schrank trennen. Und weil wir zudem keine bessere Stellmöglichkeit für ihn haben, machten wir ihn kurzerhand für unsere Zwecke passend. Wir zogen zusätzliche Regalböden ein – und schwups war viel mehr Platz für Spielzeug und Kinderbücher vorhanden, die wir übersichtlich in Kistchen und Kästen lagern. Im Wohnzimmer haben wir den ursprünglich dort stehenden Schrank durch ein filigranes Sideboard ersetzt, das ich aus einem alten Ikea-Regal gebaut habe. Damit wirkt alles nun viel luftiger. Doch wenn ich mich in meinem Wohnzimmer so umsehe, fällt mir dennoch auf, dass ich mich durchaus noch von einigen kleinen Möbeln verabschieden könnte.

Grundsätzlich ist es ein Vorteil des minimalistischen Wohnens, dass man am Ende so viel Freiraum wie möglich hat, wenige sogenannte Stehrümchen – und den vorhandenen oder neu geschaffenen Stauraum so effektiv wie möglich nutzt. Auf diese Weise kannst du alle überflüssigen Möbel loswerden. Vielleicht stellst du nach all diesen Überlegungen und der Neuorganisation deiner Räumlichkeiten ja sogar fest, dass du gar nicht mehr so viel Platz benötigst, und verkleinerst dich daraufhin räumlich. Auch das kann Vorteile haben!

DER FERIENWOHNUNGS-EFFEKT

Letzten Sommer haben wir unseren Urlaub in einem Ferienhaus in Italien verbracht. Das Haus ist ein 50er- bis 60er-Jahre-Bau, genau konnte der Besitzer es uns nicht sagen. Es wird seit langer Zeit nicht mehr bewohnt, höchstens für einen Monat im Jahr, um Urlaub zu machen oder Dinge in der Gegend zu erledigen. Dementsprechend ist es auch eingerichtet. Die Möbel scheinen aus dem Jahrzehnt der Erbauung zu sein, und es gibt diese viel zu weichen, alten Betten, bei denen man jede Metallfeder spürt, weil sie in der Mitte durchhängen. Wie ich erfuhr, soll das typisch italienisch sein. Sei's drum: Nach zwei Nächten haben mein Mann und ich die Matratzen auf den Boden gelegt. Wir hatten danach noch mehr das Gefühl, als wären wir mitten im Umziehen und müssten uns erst noch richtig einrichten.

Die Küche ist mit allem ausgestattet, was man braucht. Doch Luxus wie eine Spülmaschine gibt es nicht. Im Bad steht zwar eine Waschmaschine, andererseits muss man 20 Minuten warten, bis man endlich warm duschen kann, weil der Durchlauferhitzer so lange braucht, bis das Wasser erwärmt ist. Dieses reicht dann für etwa 20 Minuten. Weil das in der Küche genauso ist, haben wir unser Geschirr immer kalt abgewaschen. Bei 30 Grad Außentemperatur ist das natürlich kein Problem.

Die Räume des Hauses sind höher als in unserer Berliner Wohnung. Auch die Wohnfläche ist größer, die Anzahl der Zimmer ist jedoch die gleiche wie zu Hause in Berlin. Deshalb wirkt alles in dem italienischen Haus eine ganze Spur großzügiger. Verstärkt wird dieses Gefühl noch dadurch, dass man aus vielen Fenstern aufs Meer oder in den Garten schauen kann. Um das ganze Haus herum verläuft ein breiter Balkon. Bei schönem Wetter steht die Tür zur Terrasse immer offen. Der Garten, das Meer – all das trägt natürlich dazu bei, dass wir hier das Gefühl von sehr viel Bewegungsfreiheit hatten.

DAS PERSÖNLICHE MASS FINDEN

Mehr Platz und gleichzeitig weniger Möbel und Haushaltsgeräte – das ist die Ausgangssituation in diesem Haus. Ich erzähle das so ausführlich, damit du dir den Effekt vorstellen kannst, der sich einstellte, als wir wieder zurück in unsere Berliner Wohnung kamen: Mein Mann Richard hatte das Gefühl, ihm würde die Decke auf den Kopf fallen, denn die Raumhöhe in Berlin ist ja niedriger als im Haus am Meer. Obwohl wir in Berlin genauso viele Zimmer haben, kam uns der Schnitt der Wohnung vergleichsweise klein und beengt vor. Und bei mir stellte sich sofort die Gewissheit ein: Wir haben viel zu viel Zeug! Vorher empfand ich das nicht so extrem, doch bei der Rückkehr sah ich überall nur noch überflüssiges Chichi. Ich schnappte mir sofort zwei Dekovasen und stellte sie vor die Tür.

Dieser Wahrnehmungseffekt bei der Rückkehr machte mir deutlich, wie schnell man sich an seine Umgebung gewöhnt und anpasst. Ich habe ja schon erwähnt, wie es mir ergeht, wenn ich meine Mutter besuche und dann wieder heimkomme. Danach habe ich jedes Mal das gegenteilige Gefühl, nämlich, dass es bei uns zu Hause viel zu leer und spartanisch sei. Diese widersprüchlichen Empfindungen machen es mir so schwer, mein persönliches Maß zu finden. Dennoch hat sich nach der Italienerfahrung meine Gewissheit verstärkt, dass wir in der Berliner Wohnung definitiv noch viel zu viel herumstehen haben. Das Haus in Italien wirkte trotz seiner spärlichen Einrichtung keineswegs kahl. Allein schon die grün-weiß gemusterten Fliesen in Wohnzimmer und Flur verbreiteten eine fröhliche mediterrane Stimmung. Auch das dunkle Holz der Türen und einiger Einbauten aus der Mitte des letzten Jahrhunderts wirkten gemütlich und ließen niemals ein Gefühl von Kargheit aufkommen. Obwohl die Einrichtung nicht den minimalistischen Ideen von heute entspricht, war sie auf ihre Art definitiv minimalistisch. Das zeigt wiederum, dass Minimalismus tatsächlich verschiedene Gesichter hat – und dieses hier gefiel mir besonders gut.

ZU VIELE DINGE SIND BELASTEND

Kurz nach unserer Rückkehr berichtete mir eine Freundin von einer ähnlichen Erfahrung. Sie war mit ihrer Familie gerade aus einem Ferienhaus zurückgekehrt und empfand ihre Wohnung als zu vollgestellt mit Kram. Sie nahm sich sofort vor, nochmals auszumisten. Andererseits kann ich mir gut vorstellen, dass es Menschen gibt, denen es genau andersherum ergeht: Sie kommen nach Hause und freuen sich über die wohnliche Atmosphäre daheim und über die gemütliche Deko. Es ist wunderbar, sein Zuhause nach eigenen Vorstellungen zu gestalten. Aber das Gefühl, wie viele Dinge, Möbel, Gegenstände man schlussendlich dafür braucht, ist von Typ zu Typ unterschiedlich ausgeprägt.

Ich habe aus dieser Erfahrung zwei Erkenntnisse gewonnen: Ich glaube, ich bin in Bezug auf Wohnraum nicht unbedingt eine Minimalistin. So sehr ich die Vorstellung faszinierend finde, glaube ich, dass ein Tiny House zum Beispiel nichts für mich wäre – außer es stünde an einem Ort, an dem man das ganze Jahr über viel Zeit draußen verbringen kann. Und es hätte einen großen Garten! Ich muss ehrlich zugeben, dass ich für meine Familie und mich eine räumliche Verkleinerung nicht anstreben würde. Vielmehr spreche ich seit einer gefühlten Ewigkeit davon, dass ich im Grunde gerne einen Garten hätte. Dieser Wunsch ist unglaublich groß. Ich hoffe, dass er sich bald erfüllt. Das Gefühl, von der eigenen Tür jederzeit in einen Garten treten zu können, ist für mich ein Traum. Vielleicht weil ich in einer Stadt aufgewachsen bin.

Mein Bedürfnis nach mehr Minimalismus beim Wohnen orientiert sich ganz klar an einer begrenzten Menge von Dingen und Möbeln. Das hat mir der Aufenthalt in Italien nochmals vor Augen geführt. So, wie es jetzt ist, würde ich das Haus nicht belassen. Ich gestalte für mein Leben gerne Räume um. Zu viel Inventar jedoch finde ich belastend. Ich mag es klar und übersichtlich. Ein Blumenstrauß oder eine einzelne Blume hier und da ist für mich die allerschönste Deko. Viel mehr braucht es nicht. Auffällige Designs bei Fliesen und Tapeten finde ich auch toll. Wenn ich mich aber für so etwas entscheide, darf nicht noch jede Menge Dekozeug dazukommen. Das würde den Gesamteindruck unruhig machen. Zu wissen, dass alle Schränke in dem italienischen Haus leer sind, wirkte auf mich unglaublich beruhigend. Die eine oder andere Annehmlichkeit würden wir uns auf Dauer jedoch wünschen. Fließend warmes Wasser zum Beispiel. Oder eine Spülmaschine. Trotzdem braucht man insgesamt weniger, als man denkt. Beobachte doch mal, was dein nächster Urlaub mit dir macht. Vielleicht hattest du schon ein ähnliches Erlebnis? Es ist ein ziemlich guter Indikator, um herauszufinden, welcher Wohn- und Minimalismus-Typ du bist. Da kannst du deinem Bauchgefühl absolut vertrauen!

MEINE TOP-FIVE-REGELN FÜR EINEN MINIMALISTISCHEN WOHN-LOOK

1. Reduziere alles bis zu dem Punkt, an dem du dich hundertprozentig wohlfühlst.
2. Wähle ein einheitliches Farbschema.
3. Oder wähle Weiß, Beige und Naturtöne für einen besonders cleanen Look.
4. Wenn du kräftige Farben und Muster liebst (für Tapeten, Wände, Stoffe), reduziere alles andere stark!
5. Gestalte deine Deko selbst.

DIY: VASEN-UPCYCLING MIT NATRON UND WANDFARBE

Dekovasen lassen sich passend zur Einrichtung gestalten, indem du sie einfach streichst. Besonders toll sieht es aus, wenn die Oberfläche dabei eine Struktur erhält. Das geht ganz leicht mit Natron. Ich mische es mit Wandfarbe. Erstens kann ich auf diese Weise Reste der Farbe aufbrauchen. Und zweitens führt das zu einem superschönen matten Ergebnis.

DAS BRAUCHST DU:

— 1 Vase — Natron — Lack- oder Wandfarbe
— 1 dünneren Malpinsel — 1 Gefäß zum Anrühren der Farbe
— 1 Stäbchen zum Umrühren

UND SO GEHT'S:

01: Mische eine ausreichende Menge Farbe mit Natron an. Je mehr Natron du verwendest, desto körniger wird die Oberfläche. Bei zu viel Natron wird das Auftragen jedoch ein bisschen schwierig. Mit kleinen Probe-Farbaufstrichen kannst du dich an die richtige Menge herantasten.

02: Trage die Farb-Natron-Mischung mit einem Pinsel auf die Vase auf. Nimm am besten einen dünneren Pinsel, damit lässt sich die Farbe besser verteilen. Trage so viele Schichten auf, bis die Mischung gut deckt. Zwischen den Schichten immer wieder antrocknen lassen, damit du die Farbe nicht verwischst.
Voilà, schon ist die neue Deko fertig. Ganz einfach mit einem Haushaltsmittel und einem Farbenrest!

Achtung: Diese Kombination ist nicht für Gegenstände geeignet, die viel mit Wasser in Berührung kommen (bei der Vase ist das ja nur innen der Fall). Als wasserresistente Alternative eignet sich eine Kombination aus Lack und Vogelsand. Und wenn du lieber ein mattes Finish haben möchtest, versuch es auch mal mit Kreidefarbe.

01

01

02

02

02

DIY: RELIEFKUNST AUS HOLZRESTEN

Arbeitest du auch so gerne mit Holz wie ich? Dann musst du für dieses Projekt bestimmt nichts oder nur ganz wenig hinzukaufen. Mein Wohnzimmer ist mittlerweile ein Hingucker für minimalistische Reliefkunst in Grau, Beige oder Weißschattierungen. Bei den Formen kannst du dich kreativ austoben. Die Deko sieht superedel aus. Gleichzeitig wirkt sie durch die sanften Farben beruhigend. Und einfach und günstig herzustellen ist sie auch. Toll!

DAS BRAUCHST DU:

— 1 dünne MDF-Platte (ca. 4 mm) — Holzreste oder weitere MDF-Platten in verschiedenen Stärken (2 reichen aus) — 1 Bogen Papier — Schere — Stichsäge — Schleifpapier — Holzleim — Lack- oder Wandfarbe — Pinsel — Winkelleisten aus Holz

UND SO GEHT'S:

01: Die dünne MDF-Platte benötigst du als Untergrund. MDF-Platten bekommst du im Baumarkt und kannst sie dir dort in der passenden Größe zurechtschneiden lassen.

02: Überlege dir ein Muster oder Motiv, das du aus den Holzresten oder Platten ausschneiden möchtest. Zeichne es auf ein Blatt Papier vor. Bei MDF-Platten ist das Zeichnen und Ausschneiden etwas einfacher, weil du dein Motiv im Ganzen darauf übertragen kannst. Wenn du Holzreste verwendest, musst du ein bisschen improvisieren. Doch das trägt zum Charme des Reliefs bei.

03: Schneide die einzelnen Teile deines Motivs aus dem Papier aus und übertrage sie aufs Holz.

04: Schneide alle Teile mit einer Stichsäge aus und schleife sie bei Bedarf mit dem Schleifpapier glatt.

05: Platziere deine Holz-Puzzleteile so, wie es dir gefällt oder wie du es dir vorher überlegt hast. Klebe sie mit Holzleim auf. Achte darauf, dass dein Motiv auf dem Untergrund mittig zu liegen kommt. Lass den Leim gut trocknen (am besten über Nacht).

06: Wenn alles getrocknet ist, kannst du dein Bild anmalen.

07: Wenn du möchtest, bau dir aus Winkelleisten noch einen Rahmen. Schneide dafür vier Stücke zurecht, die jeweils an den Enden einen 45-Grad-Winkel haben. Leime die Leisten an den Winkeln und an deinem Untergrund fest. Schon hast du einen eleganten Rahmen!

02

03

04

05

06

07

LISA VON NESSA ELESSAR

Ihren Gaming-Kanal hat sie seit 2016. Ein Jahr später gründete Lisa auf YouTube zusätzlich „Nessa Elessar“. Wie man in einem Tiny House lebt, sich organisiert, es baut und renoviert – all das sind Themen ihres erfolgreichen Kanals. Als Soloselbstständige gibt sie wertvolle Tipps rund um die perfekte Work-Life-Balance und Selbstorganisation. Punkte, die auch für das Leben im Tiny House enorm wichtig sind. Wie Minimalismus nachhaltig und konsequent funktioniert, welche kreativen Lösungen es dafür gibt, und wie man auf winzigem Raum jede Menge Spaß und Lebensqualität finden und verwirklichen kann, siehst du hier:

www.youtube.com/nessaelessar
Instagram: @nessa.elessar

BESUCH BEI LISA VOM YOUTUBE-KANAL NESSA ELESSAR

Minimalistisch wohnen kann vieles bedeuten. Manche reduzieren die Dinge, die rumstehen: Möbel, Deko und so weiter. Andere wiederum reduzieren den Raum, in dem sie leben möchten, radikal – und wählen zum Leben ein Tiny House. Das ist inzwischen eine richtige Bewegung geworden. Auch weil Influencerinnen wie Lisa viel dafür tun, diese Lebensform publik zu machen. Ich habe sie in ihrem Tiny House besucht und mit ihr über die Vorteile des Mini-Wohnraums gesprochen.

WIE ENTSTAND DIE IDEE, IN EINEM TINY HOUSE ZU LEBEN?

Lisa: Ich suchte als Studentin eine Wohnung. Mit einem Studenten-Budget ist es schwierig, etwas Bezahlbares zu finden. Ich hatte allerdings nur noch ein paar Semester vor mir und dachte deshalb, anstatt jeden Monat viel Geld in einer Mietwohnung zu versenken, nehme ich lieber mein Erspartes und nutze es für etwas Eigenes, von dem ich länger etwas habe. Und das ist jetzt mein kleines Haus.

GLAUBST DU, EIN TINY HOUSE IST FÜR JEDEN PERSÖNLICHKEITSTYP GEEIGNET?

Lisa: Ich glaube nicht, dass es für jede und jeden geeignet ist. Es ist allein schon eine ganz praktische Frage der Körpergröße oder wie beweglich und wie alt man ist – das sollte man in die Überlegungen miteinbeziehen. Abgesehen davon ist es auch eine Frage, in welcher Art Räumen man sich grundsätzlich wohlfühlt. Mir macht es zum Beispiel überhaupt nichts aus, dass alles so kompakt steht und ich die Wände als so nah erlebe. Andere Leute finden das vielleicht beklemmend oder bedrückend. Deshalb würde ich empfehlen, sich Tiny Houses anzusehen, mal reinzugehen und zu schauen, ob man sich mit dieser Art zu leben wohlfühlen könnte. Ich bin von Haus aus eine Minimalistin und lebe von daher sehr gerne so. Aber ich glaube, man könnte sich mit diesem Wohnstil auch überfordern, wenn man nicht der Typ dafür ist.

DU MEINST ALSO, MAN KANN AUCH MINIMALISTISCH LEBEN, OHNE SICH RÄUMLICH SO STARK ZU VERKLEINERN?

Lisa: Ja, das hängt ganz vom persönlichen Lebensstil ab. Wer zum Beispiel gern handwerklich arbeitet, braucht eine kleine Werkstatt. Die würde in ein Tiny House ja nicht reinpassen. Wer viel Musik macht oder mit Leuten eine Band hat, benötigt Platz fürs Musikmachen. Ich weiß, dass es Leute gibt, bei denen es funktioniert, als Pärchen oder Familie auf so einer kleinen Grundfläche zu wohnen. Ich hingegen bin durchaus ein Freund von Privatsphäre und könnte mir deshalb nicht vorstellen, mein Tiny House mit jemandem zu teilen. Das stelle ich mir schwierig vor.

INTERESSANTER PUNKT. WAS SIND DENN DIE GRÖSSTEN HERAUSFORDERUNGEN IM TINY-HOUSE-ALLTAG?

Lisa: Eindeutig Ordnung halten. Man muss auf so begrenztem Raum einfach genau wissen, wo die Dinge hingehören. Alles muss seinen festen Platz haben. Man kann nicht ständig Sachen hin- und herräumen, nur um irgendwo an irgendetwas dranzukommen. Das muss man sich vorher überlegen. Deshalb ist es bei dieser Lebensform enorm wichtig, dem Minimalismusgedanken treu zu bleiben. Man kann es sich schon rein platzmäßig nicht leisten, Sachen zu horten.

MAN MUSS ORGANISIERT SEIN.

Lisa: Und klare Funktionsbereiche schaffen! Einfach vorher festlegen, wo welche Tätigkeit stattfinden und Platz haben soll. Kochen, Arbeiten, diese Dinge.

> *„Ordnung ist ganz wesentlich! Und klare Funktionsbereiche."*

WAS SIND DEINE TOP-TIPPS FÜR STAURAUM IN KLEINEN WOHNRÄUMEN?

Lisa: Sitzmöbel lassen sich sehr gut dazu nutzen, Dinge aufzubewahren. Auch unter dem Bett funktioniert das gut, da das meist eine relativ große Fläche ist. In dem Fall muss man sich in einem Tiny House zwar Gedanken über eine gute Durchlüftung machen, damit sich keine Feuchtigkeit staut. Aber das habe ich bei meinem gut gelöst.

WIE HAST DU DAS GEMACHT?

Lisa: Da, wo mein Bett steht, kann die Luft gut zirkulieren. Die Heizungsrohre verlaufen nicht in der Wand, sondern im Rauminneren. Sie sind auch nicht verkleidet, damit im Winter die warme Luft ausströmen kann. Auf diese Weise hatte ich noch nie ein Problem mit Feuchtigkeit.

GIBT ES ETWAS, WAS DU VERMISST?

Lisa: Da ich momentan noch keinen festen Stellplatz habe, vermisse ich eine Außenfläche, die ich nutzen könnte. Und sei es auch nur, um draußen Schuhe auszuziehen oder einen Sitzplatz im Freien zu haben. Zur Zeit stehe ich im Hof meiner Eltern, und da fahren Autos vorbei. Kein besonders hoher Gemütlichkeitsfaktor! Das würde ich mir für die Zukunft schon anders wünschen.

IST DEIN TINY HOUSE MOBIL ODER SOLL ES AN EINER FESTEN STELLE BLEIBEN?

Lisa: Theoretisch könnte es durchaus mobil sein, rein praktisch ist dieses ständige Umherziehen aber schon deshalb nicht möglich, weil es so unglaublich schwierig ist, einen Stellplatz zu finden. Und da das Haus ja ziemlich groß ist, wenn man damit auf der Straße fährt, ist die Überführung schon ein Stressfaktor. Es ist neun Meter lang und an der höchsten Stelle vier Meter hoch. Ein bisschen wie ein LKW-Anhänger. So ein großes Teil möchte ich jedenfalls nicht ständig hin- und hertransportieren.

WORUM GEHT ES AUF DEINEM YOUTUBE-KANAL? WAS ZEIGST DU DA?

Lisa: Ursprünglich waren meine Themen Minimalismus und ökologisch-nachhaltiges Leben. Mittlerweile liegt der Fokus auch auf DIY. Zum Beispiel wie man ein Tiny House baut oder ein Wohnmobil renoviert. Wie man aus Altem etwas Neues machen kann oder es geht einfach um kreative Projekte mit den Dingen, die man sowieso schon hat! Ich möchte zum Selbermachen und somit zu einem unabhängigeren Lebensstil inspirieren.

WARST DU SCHON IMMER EIN BISSCHEN MINIMALISTISCH? HATTEST DU IMMER WENIG ZEUG? ODER HAST DU DICH AN IRGENDEINEM PUNKT DEINES LEBENS MAL DRASTISCH REDUZIERT?

Lisa: Ich hatte nie wirklich viele Sachen. Vor allem bei Klamotten habe ich nie verstanden, wie man so viel anhäufen – und das alles auch noch anziehen kann. Früher schlug ich mich aber häufiger mit dem Gedanken herum, ob man dieses oder jenes nicht vielleicht doch noch gebrauchen könnte und aufheben sollte, zum Beispiel zum Basteln. Oder eben Klamotten, die sich vielleicht noch umfunktionieren lassen. Aber dann habe ich konsequent damit angefangen, zu entscheiden: Diese Sachen kommen jetzt weg. Mittlerweile habe ich aber immerhin wieder ein Lager mit Holz. Weil ich es oft nutze und es für mich einen Wert hat. Was einen nur belastet, sind Projekte, die man irgendwann mal als Idee hatte, aber nicht gleich verwirklicht. Da liegt dann das ganze Zeug dafür ungenutzt herum. Solche Altlasten können wirklich weg! Dann geht es einem gleich viel besser. Und man hat mehr Energie und Raum für Projekte, die einen aktuell wirklich begeistern.

„Ich möchte andere zu einem unabhängigeren Lebensstil inspirieren."

HOBBYS UND MINIMALISMUS – WIE GEHT DAS ZUSAMMEN?

Ganz klar: Diese Frage beschäftigt viele. Weil DIY ein Riesentrend ist und viele von uns das ein oder andere Hobby haben, für das man viel braucht: Werkzeug, Farben, Bastel- oder Schneidermaterial zum Beispiel. Ein Wesenszug dieser Hobbys ist die Kreativität, deshalb kann man vorher nie genau wissen, was man beim Umsetzen dieser oder jener Idee gerade benötigen wird. Hobbys können unglaublich viel Platz und Zeit in Anspruch nehmen. Das gilt nicht nur für DIY, sondern auch für einige Sportarten, fürs Musikmachen oder Kochen. Freunde von mir sind zum Beispiel echte Fans von Kitesurfen. Der Nachbar meines Vaters hat eine Modelleisenbahn. Wieder andere lieben es, sich eine eigene kleine Bibliothek aufzubauen. Wie sagte man früher so nett: Jedem Tierchen sein Pläsierchen!

Verträgt sich das mit Minimalismus? Nun ja, eher jein. Eigentlich ist diese Frage an sich schon falsch. Unser Ziel sollte es ja nicht sein, perfekte Minimalisten zu werden. Vielmehr geht es darum, alles Unnötige und Überflüssige aus unserem Leben zu entfernen, sodass wir uns leichter fühlen und keinen Ballast horten und mit uns herumtragen. Oder anders ausgedrückt: damit wir uns von der negativen Energie der Dinge befreien, die uns nicht guttun.

Deshalb kann es dir helfen, dir im Bereich Hobbys ein paar Fragen zu stellen: Übe ich mein Hobby tatsächlich noch aus? Oder schleppe ich es noch aus einer Phase meines Lebens mit, aus der ich eigentlich rausgewachsen bin? Übe ich mein Hobby oft und regelmäßig aus? Oder doch eher selten? Würde es zum Beispiel genügen, mir das Equipment dafür hin und wieder einfach auszuleihen? Oder brauche ich die Utensilien und Gerätschaften dafür ständig?

SACHEN HORTEN IST NIE EINE LÖSUNG

Ich selbst halte es so, mein Material regelmäßig durchzugehen und realistisch einzuschätzen, ob ich das alles wirklich noch benutze. Deshalb ist demnächst meine Werkstatt mit Ausmisten dran! Sollten wir wirklich in ein Haus mit Garten ziehen, muss ich die Werkstatt sowieso aufgeben. Spätestens das wäre eine gute Gelegenheit für eine Riesen-Ausmisten-Aktion! Ein kleines Beispiel: Vor etwa einem Jahr bauten wir eine wunderschöne halbhohe Wandverkleidung für unser Schlafzimmer. Dafür benötig-

ten wir Nut- und Federbretter. Man braucht für solch ein Projekt sogar ziemlich viele von diesen Brettern. Und weil wir die Verkleidung auf einer bestimmten Höhe enden lassen wollten, haben wir den Verschnitt – die Reste der Bretter – seither in unserer Werkstatt stehen. Dabei bin ich mir ziemlich sicher, dass wir die nie wieder für ein anderes Projekt verwenden werden! Trotzdem fällt es mir schwer, mich davon zu trennen. Klar habe ich dabei den Gedanken im Kopf, ich könnte sie ja vielleicht doch noch irgendwann für etwas anderes gebrauchen. Ja, sie sind natürlich im landläufigen Sinne „noch gut". Und es ist eine relativ aufwendige Aktion, sie loszuwerden. Wir müssen dafür nämlich zum Recyclinghof fahren. Und das ist der springende Punkt: Viele wissen nicht, wohin mit den alten, nicht mehr genutzten Sachen! Dieses Nichtwissen hindert viele daran, sich konsequent ans Ausmisten zu machen. Mir geht es da teilweise nicht anders! Aber die Sachen zu horten, ist auch keine Lösung. Wir müssen diese Herausforderung in Angriff nehmen. Wir sollten uns trauen, alles loszuwerden, was wir loswerden wollen. Und aus der Erfahrung, dass dieses Loswerden durchaus auch umständlich sein kann, sollten wir die Schlussfolgerung ziehen, achtsamer in unserem Konsumverhalten zu sein.

Trotzdem dürfen sich Minimalismus und Hobbys natürlich nicht ausschließen. Für die wenigsten von uns ist schließlich die Beschäftigung mit dem Thema Minimalismus Hobby genug! Aber man könnte sich ein Hobby suchen, bei dem man nicht viel benötigt. Zum Beispiel ein einziges Instrument. Allerdings fällt mir tatsächlich ein Hobby ein, das sich ganz und gar nicht mit den Ideen des Minimalismus vereinbaren lässt: das Sammeln! Sammeln und Minimalismus schließen sich meiner Meinung nach komplett aus. Aber natürlich liegt es mir fern, jemanden zu kränken, nur weil er oder sie einen Setzkasten zu Hause hat. Es ist nur so, dass ich selbst dafür absolut keine Ader habe. Den Sinn und Charme des Sammelns habe ich persönlich nie so recht verstanden. Aber, wie gesagt: Das hat wirklich nur etwas mit mir persönlich zu tun!

TOP 5
MEHR LEBENSRAUM FÜR DICH!

1. Ran an den Speck: Werde all die Sachen los, die du nicht mehr brauchst. Schiebe die Dinge nicht mehr hin und her.

2. Überlege dir jeden Kauf gründlich! Nur weil etwas günstig ist, lohnt es nicht, mal eben so gekauft zu werden.

3. Trau dich, auch mal Dinge wegzuschmeißen. Es gibt einfach Sachen, die man absolut nicht mehr verwenden oder verschenken kann!

4. Gehe dem Gefühl auf den Grund, das hinter deinem Wunsch nach neuen Dingen steckt. Was möchtest du wirklich? Mehr Leichtigkeit, mehr Freiheit? Finde es heraus – und entscheide dann, ob du das Ding wirklich dazu brauchst und in dein Leben lassen willst.

5. Definiere deine individuelle Wohlfühlgrenze und behalte sie immer gut im Auge.

04

MINIMALISMUS MIT FAMILIE

WENIGER STRESS, MEHR SPASS!

PARTNER ODER PARTNERIN – SO HOLST DU SIE INS BOOT!

Minimalismus mit Familie und Partner – geht das? Die Frage wird mir häufig gestellt. Ich habe mich mit minimalistisch lebenden Menschen ausgetauscht, die Single sind. Und auch viele kennengelernt, die Familie haben. Auf den ersten Blick ist es natürlich einfacher, einen minimalistischen Lebensstil durchzuziehen, wenn man nicht mit jemandem zusammenlebt und keine Kinder hat. Letzten Endes verhält es sich mit Minimalismus aber wie mit jedem anderen Lebensstil auch. Wenn ich zum Beispiel eine leidenschaftliche Sammlerin wäre, müsste ich dafür auch bei meinem Partner oder meiner Partnerin auf Verständnis hoffen, wenn er oder sie nicht zufällig das gleiche Hobby hat wie ich. Minimalistisch zu leben und Familie zu haben schließen sich keineswegs aus! Ich erzähle einfach mal, wie es bei Richard und mir war. Als ich anfing, radikal auszumisten, war Richard erst mal skeptisch. Er hielt sich total raus. Ich habe fröhlich ausgemistet. Und er hat dabei zugeguckt. Anders war es aber auch nicht geplant. Ich hatte mit meinem Kram schon genügend zu tun und hätte überhaupt keine Energie gehabt, ihn mit meinen Ideen mitzureißen. Allerdings hatte die Sache dann doch einen angenehmen Nebeneffekt: Richard ließ sich mit der Zeit tatsächlich anstecken. Nicht in der gleichen Intensität, mit der ich die Sache betrieb. Aber: Er kam nach und nach auf den Geschmack. Und ich kann verraten, dass ich mich bei gemeinsam benutzten Dingen wie Küchenutensilien meistens durchgesetzt habe. Was auch damit zu tun hatte, dass Richard bei mir einzog und es sich dabei größtenteils um meinen ursprünglichen Hausstand handelte. Allerdings habe ich im Laufe dieses Prozesses etwas gelernt: Man kann niemanden dazu zwingen, sich dem eigenen Lebensstil anzupassen. Erst recht nicht, wenn dabei von heute auf morgen etwas Neues in die Tat umgesetzt werden soll. Kümmere dich daher am besten zuerst um deine Sachen, dann wird sich alles andere mit der Zeit ergeben. Wenn du ab heute radikal minimalistisch leben möchtest und deine Familie den ganzen inneren Prozess, der dich dahin geführt hat, nicht mitbekommt, sei geduldig. Ihr werdet sicher Kompromisse finden!

ZUERST BEI DIR SELBST ANFANGEN

Wie jede Veränderung muss diese zuerst von dir ausgehen. Man kann von seinem Partner oder seiner Partnerin niemals etwas fordern, das man nicht selbst vorlebt. Das gilt nicht nur fürs Ausmisten, Aufräumen oder die Art des Konsums. Es gilt für jeden Bereich des Lebens. Wenn mir der Umgangston in meiner Beziehung nicht gefällt, muss ich mich als Allererstes fragen, ob ich nicht vielleicht mit dazu beitrage, dass ein rauer Wind weht und mein Partner dementsprechend darauf reagiert. Oft fällt mir in solchen Momenten auf, dass wirklich immer zwei dazugehören, wenn es mal Misstöne gibt.

Der Wunsch, minimalistischer zu leben, verstärkte sich durch die erste große Ausmisten-Aktion, von der sich Richard allmählich anstecken ließ. Und jetzt möchte ich mal ganz besonders ehrlich zu mir und dir sein. Ich werde dir berichten, wie es nach der Ausmisten-Aktion bei uns weiterging. So sehr ich betone, dass man sich immer zuerst an die eigene Nase fassen soll, bevor man am Partner herummäkelt, muss ich zugeben, dass ich teilweise ziemlichen Druck ausgeübt habe. Und das würde ich dir nicht empfehlen! In meinen Augen hatte Richard beim Thema Wohnen damals zwei große persönliche Baustellen. Zum einen – das wissen alle, die meinen YouTube-Kanal kennen – besaß er diese unglaublich klobige Hantelbank, die er für mein Dafürhalten nur drei Mal im Jahr benutzte. Drei Jahre habe ich darum gekämpft, dass dieses Teil wegkommt. Das führte allerdings dazu, dass sie bis heute ein Dasein in unserem Keller fristet. Die andere Baustelle war der große Schuhtick meines Mannes. Trotz eines Schranks voller Schuhe, die er nie anzog, trudelten regelmäßig italienische Chelsea-Boots ein, die er online bestellte. An und für sich hätte ich kein Problem damit gehabt, dass er Schuhe kauft. Der Dorn im Auge waren mir nur die gefühlt 100 Paar Boots, die ungenutzt im Schrank vor sich hin gammelten, weil sie, wie Richard meinte, „ja noch gut" waren. All meine Überzeugungsversuche, dass sich gute Schuhe perfekt zum Spenden eignen, liefen ins Leere. Bis Richard eines Tages überraschenderweise verkündete, er habe sich ein Schuhkauf-Verbot auferlegt. Und zwar so lange, bis alle Paar Schuhe komplett heruntergetragen seien. Wow, dachte ich, was für ein Erfolg! Ich wusste gar nicht recht, was ihn zu diesem Entschluss bewogen hatte. Ich hoffe bis heute, dass nicht meine Nörgelei der Grund für seine Entscheidung war.

Wie diese Geschichte zeigt, führen immer viele Wege nach Rom. Doch den Königsweg hatte ich mit meiner ständigen Nörgelei sicher nicht gewählt. Ich war damals einfach zu ungeduldig. Druck auszuüben ist nicht empfehlenswert. Es führt zwangsläufig zu Streit. Etwas mit Gewalt durchsetzen zu wollen, ist nie der richtige Weg. Einen suchtkranken Menschen zum Beispiel kann man noch so oft zum Entzug zwingen. Wenn der innere Wille, die Sucht zu überwinden, nicht vorhanden ist, wird ein Entzug nie langfristig Erfolg haben. Das ist sicher ein drastisches Beispiel. Aber ich möchte veranschaulichen, dass sich die innere Haltung verändern muss, wenn etwas anders werden soll. Jemanden davon überzeugen zu wollen, sich von etwas zu trennen, ohne dass er oder sie wirklich bereit dazu ist, kann vielleicht kurzfristig zum Erfolg führen, weil sich die gemeinsame Wohnung allmählich leert. Über kurz oder lang wirst du dir aber von deinem Partner oder deiner Partnerin Vorwürfe gefallen lassen müssen, dass sie nicht mehr besitzen, woran ihr Herz hängt. Und sie werden es schmerzlich vermissen. Wäre die Entscheidung, sich von Dingen zu trennen, aber aus freien Stücken gefallen, käme es niemals zu solch einer konflikthaften Situation.

So war es auch bei uns: Richard stellt bis heute immer mal wieder in den Raum, die Hantelbank wieder aus dem Keller zu holen, weil er sie zum Trainieren brauche. Das Thema ist bei uns also noch lange nicht vom Tisch. Ich muss mich auch regelmäßig dem Verdacht stellen, ich hätte vielleicht Dinge von ihm entsorgt. Aber ich schwöre hoch und heilig, so etwas noch nie gemacht zu haben! Dennoch schwingt in diesem Punkt in unserem Miteinander manchmal ein gewisses Misstrauen mit. Und das kommt daher, weil ich anfangs teilweise viel zu stark insistiert habe, dass dieses oder jenes Teil endlich weggehöre! Gott sei Dank sind diese Konflikte nicht bedrohlich für unsere Beziehung und sie führen nicht zu heftigen Streits. Wir nehmen das beide meist mit Humor. Aber das könnte auch anders ausgehen! Deshalb ist auch hier das A und O, Geduld zu haben und selbst ein gutes Vorbild zu sein. Fang also erst einmal bei dir selbst an und schau, ob und wie sich dein Verhalten möglicherweise auf die anderen Familienmitglieder überträgt. Auch gute Information ist sehr hilfreich. Du könntest dich zum Beispiel damit beschäftigen, welche Konsequenzen Fast Fashion hat. Ihr könntet euch gemeinsam Dokumentationen dazu ansehen und darüber diskutieren. Es gibt viele spannende, hoch informative Filme zu fast jedem kritischen Aspekt unserer Wohlstandsgesellschaft. Mehr darüber zu wissen und sich auszutauschen, kann sehr dabei helfen, dass ihr gemeinsam, als Team, in Zukunft bessere Entscheidungen trefft.

MINIMALISMUS MIT KINDERN

Viele Mütter erzählen mir, dass sie ihren Familienalltag gerne minimalistischer gestalten würden, dies aber mit Kindern schwierig sei. Stimmt! Das liegt vor allem daran, dass es einfach viel zu viele verlockende Dinge zu kaufen gibt. Für Babys und Kinder erst recht. Trotzdem machen diese Dinge weder die Kleinen noch die Eltern unbedingt glücklicher.

Wenn dieses Buch erscheint, ist meine älteste Tochter zweieinhalb Jahre und mein Neugeborenes ein paar Monate alt. So muss ich ehrlicherweise zugeben, dass ich zwar nicht aus einem jahrzehntelangen Erfahrungsschatz schöpfen kann, aber als junge Mutter in den letzten beiden Jahren doch das ein oder andere gelernt habe – und es hilft bei solchen Fragen zudem immer, sich in die eigene Kindheit zurückzuversetzen.

Mein Fazit: In den ersten beiden Jahren brauchen Babys und Kleinkinder eigentlich so gut wie gar nichts. Dass meine älteste Tochter überhaupt mit Spielsachen spielt, ging erst vor Kurzem so richtig los. Davor war eigentlich alles spannend für sie – nicht aber unbedingt Dinge, die offiziell als „Spielsachen" deklariert sind.

EIN TAG AM SEE

Wenn Eltern mit mir über dieses Thema sprechen, sticht ein Problem besonders heraus: Die vielen Freundinnen und Freunde, Tanten, Onkels und andere Verwandte, die Geschenke bringen. Bei uns ist das genauso. Deshalb bin ich inzwischen an den Punkt gekommen, meiner Tochter zu Geburtstagen oder Weihnachten selbst am liebsten gar nichts mehr schenken zu wollen, einfach weil sie von anderen immer so viel bekommt. Das klingt jetzt vielleicht hartherzig, aber ich habe die Erfahrung gemacht, dass die Kleine eher überfordert ist, wenn sich um sie herum ein Berg an Geschenken auftürmt. Zwar sind Richard und ich beide Einzelkinder und unsere Töchter haben deshalb keine Tanten und Onkels, aber trotzdem kommt aus der Familie immer noch viel an Geschenken zusammen. Natürlich ist es süß, wenn die ganze Familie den Kleinen eine Freude machen möchte, aber die Menge an Geschenken, die sich daraus zu jedem Anlass ergibt, empfinde ich teilweise doch als erschreckend.

Wie bringt man Verwandten und dem Freundeskreis schonend bei, dass sie sich mit Geschenken gern ein bisschen zurückhalten dürfen? Ohne dass sie sich vor den Kopf gestoßen fühlen? Ich habe gute Erfahrungen mit ein paar Vorschlägen gemacht, die ich gern an alle Eltern weitergebe. Gut funktioniert zum Beispiel die Idee, sich gemeinsam ein großes Geschenk für das Kind zu überlegen, und alle, die etwas schenken möchten, beteiligen sich daran. Gut aufgenommen wird auch die Möglichkeit, die Wünsche des Kindes auf verschiedene Schenkende aufzuteilen – so muss sich niemand extra etwas überlegen oder gar mit einem Verlegenheitsgeschenk kommen. Oder aber ihr wünscht euch etwas Immaterielles für die Kids, zum Beispiel einen Tag am See mit Picknick und Eis essen. Oder einen Besuch auf dem Rummelplatz.

WAS BRAUCHEN BABYS UND KLEINE KINDER WIRKLICH?

Diese Frage reicht in die Bereiche Philosophie und Psychologie hinein. In beiden bin ich keine Expertin. Doch ich kann aus meiner praktischen Erfahrung als Mutter berichten, auch weil ich glaube, dass es vielen ähnlich ergeht wie mir. Wenn man das erste Mal schwanger ist, spürt man eine große Euphorie. Auch Eltern, die ein Kind adoptieren möchten, und werdende Väter erleben diese besondere Vorfreude. Und es tauchen Fragen auf: Werden wir gute Eltern sein? Wie wird sich die neue Situation auf uns als Paar auswirken? Wie möchten wir unser Kind erziehen? Für die Schwangere kommen noch all die körperlichen Veränderungen hinzu. Neben diesen aufregenden Gedanken stellt man natürlich Überlegungen an, was das Baby wohl alles brauchen wird. Der Markt für Schwangerschafts- und Babybedarf ist riesig, und werdende Eltern sind allein schon durch ihren emotionalen Ausnahmezustand eine willkommene Käufergruppe. Eine ehemalige Arbeitskollegin von mir rechtfertigte den Kauf eines über 1000 Euro teuren Kinderwagens zum Beispiel mit der Begründung, der veränderte Hormonhaushalt habe ihre Entscheidungsfähigkeit beeinflusst.

MAL MEHR, MAL WENIGER – KLEINE PANNEN AUF MEINEM WEG ZUM MINIMALISMUS

MEIN STOFFWINDEL-IRRWEG

Ooops – manchmal liegen auf dem Weg zum Minimalismus doch ein paar mehr Stolpersteine als gedacht. Auch bei mir! Da wäre zum Beispiel die Geschichte mit den Stoffwindeln ...

Ich hatte mich in dieser Frage ja ein bisschen aus dem Fenster gelehnt und schon während der ersten Schwangerschaft erzählt, dass ich natürlich und unbedingt mit Stoffwindeln wickeln würde. Eine Nachbarin, die noch welche übrig hatte, schenkte uns ein Set kleiner Windeln für Neugeborene, und auch ich hatte zusätzlich noch eines gekauft, so richtig hübsch mit passenden Überhosen – es lag also alles bereit für die Geburt. Dann kam Ava auf die Welt, und Richard und ich dachten uns: Ach, für die allerersten Wochen benutzen wir vorläufig doch noch Wegwerfwindeln, und wenn dann alles leichter wird und wir mehr Routine haben, steigen wir auf die Stoffwindeln um. Mein Optimismus in der Sache war so groß, dass ich mir sogar extra noch einen kleinen Wäscheständer für die Stoffwindeln gekauft hatte. Eines von diesen praktischen Modellen, die man außen am Fensterbrett montieren kann. Doch dann ... wanderte die erste Packung Wegwerfwindeln nach Gebrauch in den Abfall. Und dann die zweite. Dann die dritte ... Schnell holten wir weiteren Nachschub, kauften noch eine Packung Wegwerfwindeln dazu, und noch eine und noch eine. So vergingen die Wochen. Und weder ich noch Richard hatten wirklich Lust dazu, die Wegwerfwindeln sein zu lassen und endlich Stoffwindeln zu benutzen.

Ich darf an dieser Stelle verraten, dass Richard am allerwenigsten Lust darauf hatte. Zumindest war er derjenige, der es zuallererst ehrlich zugab. Und das traf sich durchaus mit meinem Gefühl! Denn auch ich hatte nicht wirklich Lust darauf, von den Wegwerfwindeln abzusehen.

Wir mussten uns also beide eingestehen, dass Stoffwindeln aus verschiedenen Gründen für uns letztlich keine gute Idee waren. Zum einen konnte ich mich nicht mit dem Gedanken anfreunden, ständig noch mehr Wäsche waschen zu müssen und ständig irgendetwas auf dem Wäscheständer zum Trocknen hängen zu haben. Zum anderen ist ja so ein Wäscheständer, der ständig in der Wohnung herumsteht und meist im Weg ist, auch nicht besonders ästhetisch. Ganz abgesehen davon, dass er nicht unbedingt in eine minimalistische Einrichtung passt!

Der dritte Grund war, das hatte ich schon an anderer Stelle erwähnt, dass wir beide ziemlich schnell nach der Geburt wieder anfingen, zu arbeiten. So mussten wir uns also recht bald eingestehen, dass die hehre Idee von der Müllvermeidung durch nachhaltigere Stoffwindeln an unseren persönlichen Gewohnheiten und unserem Alltag scheiterte.

JELENAS PANNENHILFE: TIPPS ZUR STOFFWINDEL-FRAGE:

Falls ihr Eltern werdet und vor der Frage steht, Stoffwindeln oder nicht, seid ganz ehrlich mit euch und beantwortet euch diese Fragen:

— Habt ihr ein Problem mit dem täglichen Mehraufwand an Wäsche?
— Könnt ihr mit dem ungewohnten Geruch der vollen Windeln umgehen?
— Hättet ihr ein ungutes Gefühl dabei, jeden Tag volle Windeln in die Hand zu nehmen und in die Maschine zu stecken?

Es ist wichtig, an diesem Punkt ganz ehrlich mit sich selbst zu sein. Besser, ihr entscheidet das vorher in aller Offenheit. So vermeidet ihr später das Gefühl, euren eigenen Idealen eventuell nicht zu entsprechen.
Falls ihr die Fragen mit Nein beantwortet, ist das also überhaupt kein Problem. Dann erspart ihr euch den Umweg, den Richard und ich gegangen sind. Wir schlichen wie die Katzen um den heißen Brei. Und wären besser von Beginn an ehrlich zu uns selbst gewesen.

Die Frage, ob man einen Kinderwagen braucht oder nicht, ist eine persönliche Abwägung. Ich erinnere mich an einen werdenden Vater in unserem Geburtsvorbereitungskurs, der erzählte, er und seine Lebensgefährtin wollten sich überhaupt keinen Kinderwagen zulegen. Sie hätten vielmehr beschlossen, das Kleine immer am Körper zu tragen. Damals hatte ich noch kein Kind und konnte mir diese Alternative nicht so recht vorstellen. Ich dachte, ein Kinderwagen gehöre unbedingt dazu! Wir hatten deshalb auch einen bestellt, aber der kam und kam nicht, und so geriet ich fast schon ein bisschen in Panik, weil ich mir eingebildet hatte, er müsse unbedingt parat stehen, sobald die Geburt losgeht. Während meiner zweiten Schwangerschaft dachte ich eher wie das Pärchen aus dem Geburtsvorbereitungskurs. Diesmal würden wir in der ersten Zeit wohl überhaupt keinen Kinderwagen nutzen. So haben wir das auch mit unserer ältesten Tochter gehalten. In den ersten Monaten nutzten wir den Kinderwagen nur selten. Sie mochte ihn nicht. Ich hatte damals auch schon eine Trage, mit der ich mich wesentlich wohler fühlte, mobiler und freier. Wenn man mit Kinderwagen unterwegs ist, merkt man erst, wie wenig barrierefrei viele unserer Städte sind! Wenn du mich also zu meiner Meinung zum Thema Kinderwagen fragst, würde ich sagen, dass die Entscheidung nicht eilt. In den ersten Wochen braucht das Baby sowieso ganz viel Körperkontakt. Als Mutter muss man sich erst von der Geburt erholen und kann noch keine langen Spaziergänge machen. Und für den Papa ist es schön, durch das Tragen des Babys eine enge Bindung zu ihm aufzubauen. Und falls ihr dann merkt, dass es für euch auf Dauer keine Lösung ist, keinen Kinderwagen zu haben, könnt ihr ja immer noch einen kaufen. Es lohnt sich, im Freundeskreis nachzufragen oder auf Kleinanzeigenportalen zu schauen – erfahrungsgemäß sind gebrauchte Kinderwagen häufig im Umlauf.

NUR NICHT STRESSEN LASSEN

Sinnvoll war für uns hingegen die Anschaffung eines Beistellbettchens. Wenn ihr diese Lösung nicht mögt und es lieber minimalistischer halten wollt, könnt ihr euer Baby natürlich auch bei euch im Bett schlafen lassen. Für mich war es jedoch optimal, ganz nahe bei meinem Baby zu sein und dabei trotzdem einen getrennten Schlafbereich zu haben. Das liegt daran, dass ich grundsätzlich einen eher leichten Schlaf habe und mich nachts ständig hin- und herdrehe. So schön ich die Vorstellung finde, meine

Kleine nachts eng an mich zu kuscheln, so wenig funktioniert das aus besagten Gründen bei mir. So war das Beistellbettchen für uns der perfekte Kompromiss. Wir hatten das Bettchen bereits vor der Geburt gekauft. Aber vielleicht möchtet ihr erst einmal in Ruhe schauen, wie sich eure nächtliche Routine mit dem Neugeborenen gestaltet? Ihr könnt dann immer noch nach einer Lösung suchen, müsst euch aber nicht schon vor der Geburt damit herumstressen. Es könnte ja sehr gut sein, dass ihr so ein Bettchen gar nicht wollt!

Grundsätzlich ist es sowieso schwer, allgemeingültige Empfehlungen zu geben. Schließlich ist jedes Kind anders und jede Familie hat andere Bedürfnisse. Trotzdem lehne ich mich jetzt mit der Behauptung aus dem Fenster, dass man nach der Geburt viel weniger braucht, als man denkt. Klar macht es Spaß, sich mit Babysachen zu beschäftigen, Baby-Bodys zu kaufen und sich auf die Ankunft vorzubereiten. Ich war damals viel auf dem Flohmarkt, um dort die Erstausstattung für die Kleine zusammenzusuchen. Nichtsdestotrotz sollte man immer mit einkalkulieren, dass man vermutlich noch jede Menge von Freunden und Verwandten geschenkt bekommt. Auch wächst das Baby in den ersten Wochen und Monaten so schnell, dass es ratsam ist,

nicht sofort alle möglichen Anziehsachen zu kaufen, die dann am Ende nicht mehr passen. Babykleidung gibt es inzwischen in fast jedem Drogeriemarkt. Sollte also wirklich einmal etwas fehlen, kannst du sicher jemanden bitten, dir schnell etwas von dort zu besorgen.

Solange das Kleine noch ein Baby ist, braucht es die Eltern, Nahrung, Windeln und ein bisschen was zum Anziehen. Alles andere kann nach Bedarf allmählich hinzugekauft werden. Was sich für den Anfang allerdings wirklich sehr bewährt hat, ist eine Trage oder ein Tragetuch. Damit seid ihr mobil. Und das Baby schläft in der ersten Zeit sowieso am allerbesten, wenn es Körperkontakt hat. Mein Rat: Lasst euch nicht blenden von den vielen Dingen, die es überall zu kaufen gibt und die euch suggerieren, sie seien unbedingt nötig. Gebt nur Geld aus für etwas, das ihr wirklich braucht. Mit der Zeit lernt ihr die Bedürfnisse eures Kindes immer besser kennen und könnt dann immer noch das Nötige hinzukaufen.

VIEL IST ERST MAL NICHT NÖTIG

Oder auch leihen! Wie ratsam das ist, merkte ich am Beispiel unserer Babywippe. Wir hatten noch in der Schwangerschaft eine gekauft, weil wir dachten, alle Babys finden diese Dinger toll. Ein Arbeitskollege von Richard brauchte sie für seine eigenen Kinder nicht mehr und bot sie uns an. Wie sich herausstellte, mochte unsere Tochter die Wippe gar nicht. Sie war überhaupt kein Fan davon. Dabei war die Wippe selbst in gebrauchtem Zustand nicht eben billig. Und so wäre es sicher besser gewesen, ich hätte mir so ein Ding erst mal geliehen und ausprobiert, ob es meiner Tochter gefällt. Auf diese Weise hätten wir uns nicht nur Geld gespart, sondern auch die Zeit und Mühe, die es kostete, die Wippe wieder zu verkaufen.

Mit meinen Schulfreundinnen habe ich ein super Leihsystem für Babyklamotten: Sie wurden alle vor mir zum ersten Mal Mutter und hatten noch Babykleidung übrig, die sie mir ausleihen konnten. Als meine Tochter Ava dafür zu groß wurde, gab ich die Sachen wieder an meine Freundinnen zurück. Viele von ihnen sind jetzt zum zweiten Mal schwanger – und können die Babysachen wieder gut gebrauchen!

Auch die Spielzeugfrage lässt sich entspannt und ohne großen Konsum angehen. Meiner persönlichen Erfahrung nach brauchen Babys in den ersten ein, zwei Jahren eigentlich überhaupt kein Spielzeug. Für diese kleinen Wesen ist alles um sie herum neu und aufregend! Für sie spielt es keine Rolle, ob man ihnen einen neu gekauften Rasselring aus dem Babymarkt in die Hand gibt oder eine kleine Tupperdose, in die man ein paar Nudeln oder Bohnen füllt. Hauptsache, es rasselt! Bevor ihr Spielzeug kauft, schaut erst mal, wie euer Kind gestrickt ist. Mit was spielt es gerne? Was begeistert es? Kinder haben anfangs mit allem, was sie finden, Spaß. Und solange das nicht gefährlich ist, ist das meiner Meinung nach absolut ausreichend.

Braucht man am Anfang ein Kinderzimmer? Ich denke nicht. In den ersten Lebensjahren spielen Kinder sowieso am liebsten in der Nähe der Eltern. Ein eigenes Kinderzimmer ist deshalb auch nicht notwendig. Wenn das Kind älter wird und beginnt, sich abzugrenzen, könnt ihr immer noch überlegen, wie ihr dafür Platz schaffen könnt. Solltet ihr mehrere Kinder haben, würde ich trotzdem sagen, dass nicht jedes Kind ein eigenes Zimmer braucht. Ich habe Freundinnen und Freunde, die bis ins Teenageralter hinein mit einem Geschwisterkind in einem Zimmer wohnten und das sehr mochten. Ab welchem Alter sich bei einem Kind der Wunsch nach einem eigenen Zimmer einstellt, ist individuell ganz verschieden.

Und wie steht es mit Windeln und Babykosmetik? Obwohl ich es bewundere, wenn Eltern konsequent auf Stoffwindeln zurückgreifen, hat diese Möglichkeit bei uns aus verschiedenen Gründen nicht gut funktioniert. Zum Glück gibt es aber eine gute Auswahl an Ökowindeln. Die machen zwar immer noch Müll, doch ist der Plastikanteil darin deutlich reduziert. Bei Produkten zur Babykosmetik und Hygiene verwenden wir nur, was nötig ist und den Kleinen guttut. Extra Babyshampoo, Babybadelotion oder -cremes haben wir lange nicht benutzt. Wasser reicht am Anfang völlig aus. Auch Feuchttücher benutzen wir extrem selten. Ich glaube, es waren in den letzten zwei Jahren höchstens zwei Packungen!

WERTSCHÄTZUNG LERNEN

Ich bin der festen Überzeugung, dass zu viele Dinge Kindern nicht guttun. Wenn man mit weniger auskommt, wird man kreativer. Drastisch ausgedrückt: Wenn man kein Spielzeug hat, muss man sich welches machen! Dann werden plötzlich Stühle, Tische, Decken zur Räuberhöhle. Löffel werden zu Kasperlepuppen. Das Sideboard dient als Spielzeugherd. Ich möchte damit nicht sagen, dass Kinder überhaupt kein Spielzeug haben sollten. Sondern nur zu mehr Fantasie anregen.

Kürzlich sah ich eine interessante Fernsehreportage über die Wirkung von Spielzeug. In der Doku „Mit Spielzeug überschüttet – Was macht der Überfluss mit Kindern?" wurden zwei Familien begleitet, die je ein Kind im Alter von sechs Jahren hatten. Bei einem Experiment durften die Kinder sich im Spielzeugladen alles aussuchen, was sie mochten. Damit sollten sie eine Woche lang spielen. In der folgenden Woche wurde ihnen das gesamte Spielzeug abgenommen. Sieben Tage lang bekamen sie nur Pappkartons und Malstifte. Im ersten Experiment wurde deutlich, dass die Kinder mit den meisten Dingen, die sie sich ausgesucht hatten, nichts anfangen konnten. Sie wurden schnell langweilig. Beim zweiten Experiment zeigten sie stolz, was sie alles aus den Pappkartons gezaubert hatten. Durch den Mangel an vorgegebenen Dingen wurde ihre Fantasie angeregt. Die Kinder mussten und konnten selbst etwas gestalten und waren am Ende mächtig stolz darauf. Für mich ist es sehr wichtig, meine Kinder dazu anzuregen, sich selbst etwas auszudenken. Aber ich hoffe, ich kann den Grundstein dafür legen, dass sie kreative Menschen werden. Kinder sind von Natur aus fantasiebegabt. Sie wollen sich bewegen, ihren Träumen nachhängen und sich ihre eigenen Fantasiewelten erschaffen.

DER FANTASIE FREIEN LAUF LASSEN

Ich bin als Einzelkind aufgewachsen und hatte deshalb schon früh Gelegenheit, Ideen zu entwickeln, wie ich mich selbst beschäftigen kann. Rückblickend würde ich sagen, dass ich als Kind ausreichend Spielzeug hatte. Zwar kein Barbie-Traumhaus, keine „Baby born" und keinen Gameboy. Barbies und das Zubehör dafür bekam ich von meiner älteren Cousine, als sie aus dem Barbiespielen herauswuchs. Zu Weihnachten und zum Geburtstag gab es für mich jeweils einen besonderen Herzenswunsch. Seither weiß ich, dass es für Kinder schön ist, sich auf Sachen so richtig vorfreuen zu dürfen! Dinge, die man sich lange schon wünscht, haben einen ganz besonderen Wert.

Heute erlebe ich jedoch zunehmend, dass es üblich ist, zu jeder Gelegenheit Geschenke zu machen, ob zu Ostern, zum Nikolaus oder einfach nur beim Bummel durchs Einkaufszentrum. Oft wird irgendetwas gekauft, die Kinderzimmer werden voller und voller, und die Kinder haben im Grunde über immer kürzere Zeitspannen wirklich Spaß an einer Sache. Zumindest ist dies mein subjektives Empfinden. Dazu ist mir eine Szene aus meiner Kindheit in Erinnerung. Wie schon erwähnt, hatte ich keinen Gameboy. Eines Tages fiel mir eine Folie in die Hände, die beim Falten jede Menge Blasen schlug. Ich beschäftigte mich intensiv mit der Folie, faltete und drückte sie so, dass sie noch größere Blasen bildete, und begann, mit den Blasen zu spielen. Mal drückte ich sie platt, mal machte ich sie größer, dann wieder kleiner – es machte Spaß. Schließlich zeigte ich die Blasenfolie meiner Mutter und sagte: „Schau mal, Mama, ich habe auch einen Gameboy!" Ich hatte dieses Ding gefunden, fand es spannend und dachte mir deshalb ein Spiel damit aus. Für mich war es der ideale Gameboy, ich brauchte gar keinen echten.

Natürlich möchte man als Kind immer die Sachen haben, die auch alle anderen haben. Ich kann absolut verstehen, dass das für Eltern ein Konflikt ist. Man möchte nicht, dass sich das eigene Kind ausgegrenzt fühlt. Das war in meiner Kindheit schon so und ist es heute noch. Und dennoch hoffe ich, dass meine Kinder auch andere Werte kennenlernen. Kinder sollen innerlich gefestigt sein und sich jeder Art von äußerlichem Druck möglichst selbstbewusst widersetzen. Wir Eltern müssen versuchen, ihnen diese Stärke zu geben. Auf etwas zu verzichten, auch wenn es freiwillig geschieht, wird leider immer noch zu oft mit Armut assoziiert. Arm zu sein, ist verpönt. Es ist daher wichtig zu vermitteln, dass der Verzicht auf materielle Dinge und die Besinnung auf immaterielle Werte nicht mit Armut gleichzusetzen sind. Auch möchte ich meine Kinder dazu erziehen, dass sie verstehen, dass ein Mensch, der mehr besitzt als andere, nicht mehr wert ist! Diese Gleichsetzung wird aber oft gemacht und ist typisch für unsere Leistungsgesellschaft. Ich finde sie falsch. Sie rührt daher, dass wir Besitz mit Fleiß gleichsetzen und den Mangel an Besitz mit Faulheit. Das ist absurd. Es gibt viele verschiedene Wege, fleißig zu sein und tolle Dinge auf die Beine zu stellen, und diese haben nicht immer etwas mit Geldverdienen zu tun.

UNENDLICH KOSTBAR: VORFREUDE

Sehr interessant zu diesem Thema finde ich das Hörbuch „Weniger tut Kindern gut" von Bianca Schäb. Sie hat beobachtet, dass Kinder viel besser auf ihre Sachen aufpassen, wenn sie wissen, dass sie Einzelstücke sind. Für mich ist das sehr einleuchtend. Kindern den Wert von Dingen zu vermitteln und ihnen ein Gefühl dafür zu geben, dass nicht alles in unendlicher Menge zur Verfügung steht. Es führt dazu, dass sie lernen, gut auf die Dinge aufzupassen. So wie unsere Tochter Ava auf den Rucksack, den wir ihr zu ihrem zweiten Geburtstag geschenkt haben und den sie so sehr mag, dass sie ihn kaum noch ablegen möchte. Oder wie ich auf meine Lieblings-Barbie: Ich bekam sie von meinem Opa, als ich fünf war. Die Meerjungfrau-Barbie mit Glitzersträhnchen im Haar! Ich hebe sie seit über dreißig Jahren auf. Weil sie ein echter Herzenswunsch war und ich gar nicht mehr daran glaubte, sie jemals zu bekommen. Nach all den Jahren färben sich ihre Haare nicht mehr, ihr Bikinioberteil ist verloren gegangen, doch wenn ich sie in die Hand nehme, fühle ich bis heute das tiefe Glücksgefühl, das mich durchströmte, als ich sie bekam. Wenn Kinder so einen Herzenswunsch hegen und die Vorfreude darauf erleben dürfen, werden sie das Geschenk, wenn dieser Wunsch erfüllt wird, für immer wertschätzen.

DAS ROTATIONSPRINZIP: MEHR WERTSCHÄTZUNG FÜR SPIELSACHEN

Wenn ihr euren Kindern mehr Wertschätzung für Spielsachen vermitteln möchtet, versucht es doch mal mit dem Rotationsprinzip. Verstaut alle Spielsachen möglichst unzugänglich und gebt den Kleinen immer nur eine bestimmte Sache oder eine begrenzte Menge davon zum Spielen heraus. Mal das eine, mal das andere – jedoch nie alles auf einmal. Was nicht benutzt wird, bleibt im Schrank. Nach einer bestimmten Zeit, etwa ein oder zwei Wochen, tauscht ihr das Spielzeug aus. Die Idee habe ich dem Buch „Clutterbug“ von Cassandra Aarssen entnommen. Ich finde sie sehr inspirierend und sinnvoll und habe beobachtet, dass die Spielsachen auf diese Weise lange interessant und Fantasie anregend bleiben.

CARO VON @SALTY_PEANUT

Caro ist Anfang 30 und lebt mit Mann und Tochter an der Ostsee. Nach der Geburt ihrer Kleinen im Jahr 2016 begannen sie und ihr Mann, ihren Lebensstil nach den Ideen des Minimalismus auszurichten. Sie hinterfragten ihre Konsumgewohnheiten, trennten sich von vielen unnötigen Dingen und Verpflichtungen und leben seither wesentlich bewusster, nachhaltiger und entspannter. Wie sich ihr Leben durch den Minimalismus verändert hat und wie er sich mit Kind und Familie ganz einfach in den Alltag integrieren lässt, erzählt Caro auf ihrem YouTube-Kanal und auf Instagram. Achtsamkeit, Entschleunigung, Nachhaltigkeit und Wege zur inneren Gelassenheit und Ruhe sind ihre wichtigsten Themen – und natürlich gibt sie dazu jede Menge praktische Tipps!

www.instagram.com/saltypeanut.blog
www.youtube.com/c/saltypeanutblog/

BESUCH BEI CARO VON SALTYPEANUT

Ausmisten, mit weniger Dingen leben, achtsamer sein und nur noch das ins Leben lassen, was wirklich glücklich macht: Wie das mit Kind und Familie funktioniert, zeigt Caro in ihren Videos und Blog-Beiträgen. Entspannt, ruhig und mit ganz viel praktischer Erfahrung. Das hat mich neugierig gemacht. Und so sprach ich mit ihr über ihren Weg und ihre besten Tipps.

CARO, WIE KAMST DU ZUM MINIMALISMUS?

Caro: Früher war ich verrückt nach Konsum. Das neueste Make-up, die neueste Mode, Bastelsachen, und als unsere Tochter auf die Welt kam, Baby- und Spielsachen – ich habe gekauft wie verrückt. Unsere Wohnung war komplett zugestellt. Wände, Schränke, Schubladen, Bücherregal: alles voll. Doch Zeit füreinander hatten wir kaum. Die Bastelsachen habe ich nie benutzt, und die Zeit, all die Spielsachen mit meiner Tochter auszuprobieren, hatte ich nicht. Wir arbeiteten viel – und gaben das Geld in der Mittagspause beim Shoppen aus. Online. In Social Media waren wir viel unterwegs. Dort stieß ich auf das Buch „Slow" von Brooke McAlary. Mein Mann und ich lasen es zusammen. Uns wurde bewusst, wie viel Zeit wir mit unwichtigen Dingen verbringen. Wir waren getrieben von Trends und Werbung. Wir wollten perfekt aussehen, perfekt leben. All das raubte Zeit und machte uns unglücklich.

DANN KAM DIE WENDE?

Caro: Wir fingen an, gemeinsam auszumisten. Wenn mein Mann etwas anpackt, macht er es rigoros. Ich dagegen musste mich erst mal rantasten. Ich hatte Schwierigkeiten mit dem Loslassen und Weggeben von Dingen. Mein Mann machte aber weiter. Nach und nach stieg ich wieder mit ein. Und dann machte es Spaß! Es tat gut, all die Dinge wegzugeben, die wir nicht mehr brauchten. Zum Beispiel Hosen, in die ich nach der Schwangerschaft nicht mehr hineinpasste. Bald wurde es zur Routine: ausmisten,

Sachen fürs Spenden zusammenpacken, Bilder ins Netz stellen, Termine zum Abholen ausmachen, Dinge wegbringen. Seither überlegen wir uns jede Anschaffung vorher gründlich. Und beziehen unsere Tochter beim Ausmisten mit ein.

WAS SIND FÜR DICH DIE GRÖSSTEN VORTEILE DES MINIMALISTISCHEN LEBENSSTILS?

Caro: Eindeutig mehr Zeit und Zufriedenheit. Und mehr Geld, das übrig bleibt! Viele Dinge rauben viel Zeit. Jeden Gegenstand muss man pflegen und sauber halten. Jetzt geht das Putzen viel schneller. Wenn man sich intensiv mit dem Thema Minimalismus beschäftigt, kommen noch Aspekte hinzu: Man überlegt zum Beispiel, ob all die Punkte auf der täglichen To-do-Liste wirklich sein müssen. Oder ob man sie vielleicht besser einteilen oder verschieben kann.

UND WAS ÄNDERTE SICH GEFÜHLSMÄSSIG?

Caro: Durch den Minimalismus begannen wir darüber nachzudenken, ob wir wirklich so leben wollen wie bisher. Wir reflektieren seither besser, mit wem und mit welcher Tätigkeit wir unsere Zeit verbringen möchten. Wir wissen jetzt auch, dass „gut genug" völlig ausreicht. Perfektion bringt nur Stress. Und wir vergleichen uns nicht mehr mit anderen. Wir achten mehr darauf, was wir kaufen, wo wir es kaufen und wie es hergestellt wurde. Für größere Anschaffungen lassen wir manchmal Wochen vergehen, um wirklich sicher zu sein, ob wir das brauchen und tatsächlich nutzen werden. Wir kaufen nichts mehr, was einfach nur im Trend ist. Wir machen keine Spontankäufe mehr. Das hat sich schnell auch im Geldbeutel bemerkbar gemacht. Und das ist ein beruhigendes Gefühl.

DU HAST NICHT DAS GEFÜHL, DAS ETWAS FEHLT?

Caro: Generell vermisse ich nichts. Im Gegenteil! Durch den Minimalismus haben wir so viel mehr gewonnen. Und die Dinge, von denen ich mich nicht trennen wollte, habe ich immer noch. Beim Minimalismus geht es ja nicht darum, nur eine bestimmte Anzahl Dinge zu besitzen und alles andere wegzugeben. Es geht darum, nur das zu behalten, was glücklich macht. Und das bestimmt jeder für sich selbst.

WIE HAST DU DEINE FAMILIE AN DAS THEMA HERANGEFÜHRT?

Caro: Mein Mann war viel früher als ich begeistert von der Idee. Er war anfangs die treibende Kraft. Unsere Tochter macht mittlerweile auch sehr gut mit. Wir haben zunächst unsere Räume ausgemistet und sind erst zum Schluss ihr Zimmer durchgegangen. Das haben wir ganz behutsam Stück für Stück gemacht. Wir gaben ihre Sachen auch nicht gleich weg, sondern legten sie erst einmal zur Seite. Wenn sie etwas vermisste, gaben wir es ihr zurück.

WIE HALTET IHR DEN NEUEN LEBENSSTIL DURCH?

Caro: Mit der Regel, dass ein Gegenstand gehen muss, wenn ein neuer kommt. Das funktioniert sehr gut. Unsere Tochter spielt jetzt viel mehr mit Dingen, die sie sich ganz bewusst ausgesucht hat. Vorher war sie oft überfordert und wusste mitunter nicht, womit sie spielen soll. Weil sie so viel hatte! Jetzt weiß sie genau, wo ihre Sachen sind und wohin sie dann wieder aufgeräumt werden. Wir sind sehr stolz auf sie. Kürzlich meinte sie im Spielzeugladen, sie brauche kein neues Kuscheltier, sie habe zu Hause genug.

WELCHEN RAT WÜRDEST DU LEUTEN GEBEN, DIE MINIMALISTISCHER LEBEN MÖCHTEN, ABER NICHT WISSEN, WIE SIE IHRE FAMILIE DAFÜR BEGEISTERN?

Caro: Miteinander reden! Mach deiner Familie klar, warum du minimalistischer leben möchtest und was du dir dadurch erhoffst. Erkläre ihnen, warum es wichtig für dich ist. Ihr könnt auch gemeinsam ein bisschen ausmisten und seht dann schon, ob das für alle von euch etwas ist. Falls die anderen nicht mitmachen möchten, könnt ihr vereinbaren, welche Bereiche du dennoch ausmisten darfst. Und welche Bereiche so bleiben sollen,

wie sie sind. Wenn die Familie erkennt, dass du durch das Minimieren deiner Sachen mehr Zeit für sie hast, kommt sie vielleicht ins Überlegen und unterstützt dich dabei. In einer Familie ist es immer wichtig, Kompromisse zu finden. Alle sollen sich wohlfühlen, sich gegenseitig unterstützen und zusammenhalten. Das funktioniert nur, wenn man miteinander redet und das Zuhause so gestaltet, dass alle damit glücklich sind.

WAS BEDEUTET MINIMALISMUS FÜR DICH?

Caro: Nur noch das zu besitzen, was man wirklich braucht und was einen glücklich macht. Egal, ob Beziehungen, Hobbys oder Verpflichtungen. Minimalismus ist kein Ziel, sondern ein Weg: in ein glücklicheres, einfacheres, ruhigeres und zufriedeneres Leben. Aber: Man sollte nie etwas weggeben, was man vermissen würde oder woran man hängt.

WIE FANGE ICH AM BESTEN AN?

Caro: Als Erstes solltest du dir ganz sicher sein, dass du ausmisten und dein Leben verändern möchtest. Schreibe auf ein schönes Blatt Papier, warum du minimalistischer leben willst. Überlege, welcher Bereich dich am meisten stört – und warum. Liste alle Dinge auf, die du spontan ausmisten würdest. Male dir aus, wie dein Zuhause und dein Leben danach aussehen sollen. Hänge die Liste gut sichtbar auf. Jedes Mal, wenn du sie siehst, wird sie dich motivieren. Dann mach dich ans Ausmisten. Fang dabei am besten klein an. Nimm deinen Geldbeutel und miste erst mal alle Kassenbons aus. Oder leere deine Handtasche von all dem Kram, der da nicht hingehört. Nimm dir nicht zu viel vor, damit du nicht die Motivation verlierst.

WAS IST DIE KEY MESSAGE DEINES YOUTUBE-KANALS?

Caro: Andere dafür zu sensibilisieren, wie wenig man braucht, um glücklich zu sein.

„Wir achten darauf, was wir kaufen,
wo wir es kaufen
und wie es hergestellt wurde."

05

MINIMALISMUS IM HAUSHALT

WENIGER HAUSHALTS-STRESS – NICHTS LEICHTER ALS DAS!

HAUSHALTSDINGE, PUTZZEUG – WAS IST NÖTIG, WAS NICHT?

Aufräumen, putzen, einkaufen, den Haushalt schmeißen – große Lust hat darauf niemand. Aber es muss eben sein! Doch auch hier hilft der minimalistische Zugang. Weniger Ballast bedeutet nämlich: weniger Haushaltsstress. Wie du den minimieren kannst, verrate ich hier. Vorneweg noch ein Geständnis: So minimalistisch, wie ich meine Putzmittel gerne haben würde, sind sie (noch) nicht. Zum einen, weil ich meiner Community gern verschiedene Möglichkeiten für nachhaltiges Putzen und Haushalten aufzeige. Und dafür bekomme ich oft Proben nach Hause geschickt. Zum anderen probiere ich gern neue Sachen aus. Langfristig möchte ich jedoch alles, was ich zum Putzen benötige, in nur einer Kiste geordnet haben. Super finde ich ökologisch abbaubare Putzmittel-Tabs. Sie werden in Wasser aufgelöst und dienen als Allzweckreiniger. Ich verwende immer nur einen Tab für eine recycelfähige Sprühflasche. Sehr gut funktionieren auch natürliche Mittel wie Natron, Soda, Gallseife, Zitronensäure, Essigessenz oder Kernseife. Sie sind vielseitig einsetzbar und brauchen überhaupt nicht viel Platz.

Zum Reinigen des Abflusses – um mal ein konkretes Beispiel zu nennen – schwöre ich auf eine Kombination aus Soda und Essigessenz. Ich gebe einige Esslöffel

Soda in den Ausguss, schütte ordentlich Essigessenz hinterher, und wenn es nicht mehr zischt, kommt noch eine Ladung kochendes Wasser obendrauf. Auch der gute alte Pümpel tut beim Abflussreinigen immer gute Dienste. Andere spezielle Mittel braucht man für diesen Zweck also nicht. Überhaupt kann man auf viele Putzmittel komplett verzichten. Letztens versuchte ich zum Beispiel mit einem Teppichreiniger einen Fleck aus dem Wohnzimmerteppich zu bekommen. Und musste bald feststellen: Gallseife funktioniert viel besser!

HAUPTSACHE PRAKTISCH UND PLATZSPAREND

Auch beim Thema Haushaltsgeräte bin ich pragmatisch: Die Dinger sollen verlässlich funktionieren und so wenig Platz wie möglich einnehmen. Aber gerade Haushaltsgeräte sind oft so dermaßen sperrig, dass man sich für sie eine extra Abstellkammer wünschen würde. Ganz minimalistisch wäre natürlich die Lösung, nur einen Kehrbesen und eine Schaufel zu verwenden. Wenn du meinen *Aufräum-Kompass* gelesen hast, weißt du, dass ich Putzen sowieso nicht besonders mag. Deshalb suche ich immer nach der einfachsten Lösung. Ich bin ein großer Fan meines Wischgeräts, das auch Staub aufnimmt und mir somit größere Saugaktionen erspart. Ich nutze es einmal die Woche, wenn ich meinen Putztag habe. Zwischendurch kommt der Akkusauger zum Einsatz. Der braucht nicht viel Platz und hat kein lästiges Kabel, das man immer hinter sich herziehen müsste. Wenn du kein Fan von fancy Putzgeräten bist, reichen natürlich auch ein einfacher Wassereimer und ein Wischmopp aus.

Das große Bügelbrett, das mir mein Vater beim Auszug überließ, habe ich abgeschafft. Ich besitze so wenige Kleidungsstücke, dass ich es einfach nicht benötige. Ich habe einen kleinen Reisesteamer, der dafür absolut ausreicht. Und mein Bügeleisen würde ich auch sofort abschaffen, wenn ich nicht ab und zu nähen würde. Statt Bügelbrett verwende ich ein großes Handtuch, das ich als Unterlage auf den Tisch lege. Funktioniert prima, und nirgendwo steht ein sperriges Brett im Weg.

Wenn du deine Haushaltssachen minimieren möchtest, betrifft das natürlich auch die Küche. Ich glaube, wir alle haben in der Küche viel mehr Dinge herumstehen, als wir wirklich benötigen. Ein berühmtes Beispiel dafür ist eine Saftpresse, die man gerne mal zu Weihnachten von Eltern und Großeltern geschenkt bekommt, um den Alltag von jungen Eltern zu erleichtern. Ich habe zum Beispiel mein Geschirr minimiert. Wer nicht regelmäßig Bankette und große Essenseinladungen gibt, braucht normalerweise kein Geschirrsortiment in 12-facher Ausführung! Sehr charmant finde ich hingegen Multifunktionslösungen. Beispielsweise Gläser, die sich sowohl für Wasser als auch für stilvollen Weingenuss eignen.

Während meiner Ausmisten-Aktionen mussten noch viele weitere Dinge und Küchengeräte daran glauben, etwa mein Waffeleisen. Oder der zusätzliche Mixer, den ich nur rumstehen hatte. Seit Ava kein Baby mehr ist, backe ich zwar wieder öfter, komme aber mit den wenigen Utensilien, die ich noch in der Küche habe, sehr gut klar. Wenn ich doch einmal etwas außer der Reihe benötige, kann ich mir bei meinen superlieben Nachbarn auch mal eine Kastenbackform leihen. Und wusstest du übrigens, dass man Sahne genauso gut auch mit dem Schneebesen oder Pürierstab schlagen kann? Du siehst: Es lohnt sich wirklich, mal gründlich deinen Hausstand

durchzugehen und zu schauen, welche Geräte du regelmäßig in Betrieb nimmst und welche du eigentlich austauschen oder weggeben könntest, um dir das Leben zu erleichtern. Und achte dabei wirklich gründlich darauf, welche Dinge tatsächlich nur rumstehen und Platz wegnehmen! Das sind natürlich in jedem Haushalt unterschiedliche Gegenstände, und du entscheidest ganz nach deiner persönlichen Situation. Wir alle haben verschiedene Bedürfnisse und Vorlieben. Es soll ja auch Menschen geben, die Bügeln entspannend finden … Denen möchte ich hier natürlich nichts ausreden.

MACH DIR DEN ALLTAG LEICHTER

Es gibt ein paar einfache Kniffe, deinen Hausstand zu reduzieren. Der wichtigste ist: Je weniger du hast, desto leichter lässt sich aufräumen und putzen. Wenn man vor dem Putzen erst einmal alle möglichen Dinge auf- und wegräumen muss, hat man aufs eigentliche Saubermachen meist überhaupt keine Lust mehr. Das ist für mich übrigens *die* Hauptmotivation, meinen Hausstand in Schach zu halten! Aufräumen nervt mich total. Eine weitere Regel: Viele Dinge bedeuten auch viele Oberflächen. Auf denen sammelt sich Staub an, der ständig gewischt werden muss. Staubwischen und Saugen sind meine beiden persönlichen Todfeinde im Haushalt.

Wie bei den Kosmetika im Bad ist es auch bei den Küchenvorräten ratsam, immer den Überblick zu behalten. Lagere deine Grundnahrungsmittel und Zutaten gut sortiert und sichtbar, sodass du immer weißt, wovon noch genügend vorhanden ist und was eventuell nachgefüllt werden muss. Gehe einmal alle deine Vorräte durch: Gibt es Dinge, die du schon lange hortest und nie zum Kochen verwendest? Wenn ja, solltest du diese Zutaten am besten in den nächsten Tagen verbrauchen – und dann nie wieder kaufen.

TEILE DIE HAUSARBEIT AUF

Eine der wichtigsten Regeln im Haushalt ist: Routine. Sie macht zwar die Arbeit nicht weniger, sorgt aber dafür, dass sich die Handgriffe, die getan werden müssen, nicht mehr so stressig anfühlen. Erledige möglichst zur gleichen Zeit und an den gleichen Wochentagen immer die gleichen Aufgaben. Und finde heraus, was für dich dabei die

Essentials sind. So wenig wie möglich, so viel wie nötig, ist zwar auch hier die Faustregel. Aber wie du sie ausgestaltest, hängt von deinem persönlichen Befinden ab. Mit Putzmitteln und Putzgeräten verhält es sich ein bisschen wie mit Kleidung. Es gibt Sachen, die zieht man oft und gerne an. Und es gibt Schrankleichen. Verabschiede dich also von allen Geräten und Haushaltsmitteln, die dich nicht überzeugen, die du nicht benutzt und die deswegen nur in deinen Schränken vor sich hingammeln.

Und falls du es dir leisten kannst: Gönne dir eine Haushaltshilfe. Wir haben mittlerweile auch eine, und ich gebe zu, dass ich die gewonnene Zeit sehr genieße. Wenn man mit Job und Familie eingespannt ist, kann eine Haushaltshilfe eine große Erleichterung sein. Sollte das bei dir aus verschiedenen Gründen nicht möglich sein, kannst du auf jeden Fall dafür Sorge tragen, die Hausarbeit aufzuteilen. Wenn du alleine lebst, brauchst du das nicht, denn dann fällt automatisch weniger Arbeit an. Wenn du aber mit anderen zusammenlebst, sollte jeder und jede mit anpacken, damit die Hausarbeit nicht zum Frust wird. Bei diesem Thema schlägt mein Feministinnen-Herz immer besonders heftig. Denn viel zu oft bekomme ich mit, dass Frauen in den meisten Familien immer noch zusätzlich zu ihrem Job den Löwenanteil der Hausarbeit und Kinderbetreuung übernehmen. Dieses Ungleichgewicht müssen wir alle gemeinsam beheben!

EINFACH MÜLL VERMEIDEN

Auch beim Thema Einkaufen kannst du dir manches erleichtern. Ich habe immer einen oder mehrere Stoffbeutel dabei. Sie nehmen in der Handtasche nicht viel Platz ein, und ich erspare mir das Heimschleppen zusätzlicher Papiertüten, wenn ich unterwegs etwas einkaufe. Papiertüten sind zwar besser als Plastik. Doch auch ihre Herstellung kostet wertvolle Ressourcen. Und sie zu lagern, ist ebenfalls lästig. Schneller als man schauen kann, sammeln sie sich in einer Schublade – und schon hat man wieder unnötigen Ballast angehäuft.

Der Müll, den wir produzieren, ist sowieso ein Riesenproblem. Wenn man sich mit Minimalismus beschäftigt, wird man zwangsläufig auch für das Thema Müll sensibilisiert. Es ist schockierend, wie viel Müll wir alle Tag für Tag hinterlassen, und so bin ich grundsätzlich der Meinung, dass es Aufgabe der Politik ist, dies zu ändern. Nichtsdestotrotz müssen wir alle etwas dafür tun, das Problem zu beheben. Und das fängt im Haushalt an. Vor allem bei den Verpackungen. Das haben Richard und ich letztens wieder einmal besonders gespürt. Im Sommer hatten wir zugegebenermaßen eine Phase, in der uns das Leitungswasser zum Trinken nicht mehr so schmeckte. Das hatte zur Folge, dass unser Sammelbehälter für Pfandflaschen vor Limoflaschen und -dosen nur so überquoll. Zwar sind die Flaschen und Dosen recycelfähig. Doch die natürlichen Ressourcen, die für den Herstellungs- und Entsorgungsprozess verbraucht werden, gaben uns sehr zu denken. Wieder ganz auf Leitungswasser umzusteigen, ist wesentlich nachhaltiger und gesünder. Es ist einfach eine Frage der Gewöhnung. Wir nutzen nun wieder unsere Sprudelmaschine und den Wasserfilter. Die Sprudelmaschine, weil ich gerne Wasser mit Kohlensäure trinke. Und den Filter, weil das Berliner Leitungswasser sehr kalkhaltig ist. Die beiden Gerätschaften sind für uns eine gute Alternative zum ständigen Getränkekauf. Und auch sonst versuchen wir, Müll beim Einkaufen zu vermeiden. Im Supermarkt lege ich Obst und Gemüse immer lose in den Wagen und lasse die Plastiktütchen links liegen. In manche Geschäfte kann man auch seine eigenen Behälter mitbringen und sich Waren wie Wurst, Käse und sogar Nudeln und Getreide unverpackt abfüllen lassen. Wenn es für dich praktikabel ist, kannst du Lebensmittel, die du oft brauchst, auch in größeren Packungen kaufen. So hast du weniger kleinteilige Verpackungen und sparst dir zudem häufige Einkaufswege.

UPCYCLING IM HAUSHALT

— Kaffeesatz nicht wegwerfen, sondern als Dünger für Balkon- und Zimmerpflanzen verwenden - ein Tipp, auf den viele schwören!

— Ausrangierte Handtücher, Bettlaken und andere Textilien eignen sich super als Putzlappen - du kannst sie in handliche Teilstücke zurechtschneiden und hast so für jeden Zweck den richtigen Lappen.

— Papiertüten und Kartons eignen sich als Bastelmaterial oder als Unterlage beim Malen und Handwerken.

— Wasserreste in Gläsern und Flaschen, die du nicht mehr trinken möchtest, kannst du zum Gießen von Pflanzen oder für die Blumenvase hernehmen.

Wenn dich die viele Hausarbeit nervt und du keine Lust mehr auf ständiges Staubwischen und Aufräumen hast, habe ich zum Schluss noch einen ultimativen Rat: Möchtest du ganz ohne Stress eine ordentliche Wohnung haben und dir das Saubermachen erleichtern, ist es am besten, wenn du so wenig wie möglich herumstehen hast. Viele Minimalisten halten es so:

Alles ist schön hinter Schranktüren versteckt - und auch die sind auf ein Minimum reduziert. Als Deko mal ein Bild hier, mal eines da - und dann ist auch schon Schluss mit Kram. Ich kann nachvollziehen, dass man sich an diesen extrem cleanen Look gut gewöhnen kann. Nur muss ich zugeben: Für mich persönlich wäre das zu wenig. Andererseits nervt es mich gewaltig, wenn ich zum Staubwischen zwei Kerzenständer in die Hand nehmen und vorsichtig abwischen muss. Da schlagen tatsächlich zwei Herzen in meiner Brust. Es hilft also nichts: Du musst für dich herausfinden, welche Prioritäten du setzen möchtest. Mehr Deko und Dinge? Oder weniger Haushaltsstress? Die Kunst liegt auch hierbei darin, die richtige Balance zu finden!

TOP 5
MEHR MINIMALISMUS IM HAUSHALT

1. Behalte nur die Haushaltsgeräte und Putzmittel, die du wirklich brauchst und benutzt.
2. Dinge, die du nur selten verwendest, kannst du dir ausleihen, zum Beispiel von Nachbarn.
3. Manche Dinge und Reste lassen sich einfach umfunktionieren - siehe meine Upcycling-Tipps in diesem Buch.
4. Nimm Multifunktionsgeräte - sie sparen Abstellfläche.
5. Verwende so viele natürliche Putzmittel wie möglich. Essigessenz und Kernseife sind echte Alleskönner!

MAL MEHR, MAL WENIGER – KLEINE PANNEN AUF MEINEM WEG ZUM MINIMALISMUS

MEIN FLIRT MIT DER IDEENWELT

Weniger ist mehr – gut und schön, aber manchmal lockt auch mich das Mehr – und zwar mehr als mir dann lieb ist! Da wäre zum Beispiel die Geschichte mit dem Drogeriemarkt ...

Dort, wo ich wohne, liegt direkt gegenüber ein Drogeriemarkt. Genau der, in dem ich zum Beispiel auch die Windeln für meine Tochter kaufe. Wenn man reinkommt, geht man gleich zu Beginn an einer ziemlich verlockenden Stelle vorbei. „Ideenwelt" steht dort groß über den Regalen. Und in diesen Regalen liegen lauter Sachen, die ich ziemlich faszinierend finde. All dieses Kleinzeug, das uns den Alltag erleichtern und das Leben schöner machen soll: Nagelpflegesets und Schuhspanner, Fusselrasierer und Glätteisen, Kleiderbügel in allen möglichen Farben und Materialien, und natürlich all das viele, saisonale Deko- und Glitzerzeug, vom Osternest bis zum Schwimmreifen für Kids, von der Lichterkette bis zu Party-Sets, von Konfettikanonen bis Weihnachtskitsch.

„Wenn die Versuchung zu groß wird – einfach weitergehen. Move on!"

Und, was soll ich sagen: Jedes Mal, wenn ich in diesen Drogeriemarkt gehe und das Schild mit der Ideenwelt sehe, bleibe ich wie angenagelt vor den Regalen stehen und gucke, was es da wohl wieder Neues gibt! Obwohl ich vorhatte, eigentlich nichts Unnötiges zu kaufen. Obwohl ich weiß, dass das meiste Trash ist. Obwohl ich weiß, dass ich keinen Platz für all das Zeug habe. Und obwohl ich weiß, dass ich es a) nicht wirklich brauche und es mich b) auch nicht unbedingt glücklich macht. Oder höchstens für einen ganz kurzen Moment.

Trotzdem üben diese Regale auf mich eine fast magische Anziehungskraft aus. Ich kaufe zwar nie was und weiß das auch schon vorher. Aber ich bleibe trotzdem immer wieder davor stehen und schaffe es nicht, daran vorbeizugehen. Deshalb kann ich gut nachvollziehen, dass viele nicht widerstehen können, etwas zu kaufen.

MEIN TIPP GEGEN DIE VERLOCKUNGEN UNNÖTIGEN KONSUMS:

Bleib vor Regalen mit Dingen, die du nicht brauchst, einfach nicht stehen. Just move on!
Ich jedenfalls habe mir das ganz fest vorgenommen:
Ich lasse die „Ideenwelt“ in Zukunft einfach links liegen!

06

MINIMALISTISCH ARBEITEN

WENIGER ARBEIT – MEHR VOM LEBEN!

PERSÖNLICHE ERFAHRUNGEN

Anders als in der Generation unserer Großeltern, ist es heute längst nicht mehr Standard, einen Beruf zu erlernen und in diesem bis zur Rente zu arbeiten. Geschweige denn, 40 Jahre lang in ein und demselben Betrieb! Ausnahmen von der Entwicklung gibt es zwar noch, aber es werden immer weniger. Ob dieser Trend gut ist, lässt sich nur individuell beantworten. Sicher gibt es Menschen, die sich wohl und aufgehoben darin fühlen, Jahre und Jahrzehnte im gleichen Arbeitsumfeld tätig zu sein. Für mich wäre das jedoch nichts. Nach vielen Jahren *trial and error* muss ich mir das eingestehen. Und weil meine Community mich immer wieder mal fragt, was ich denn gelernt habe, was mein Beruf sei, möchte ich hier ein bisschen darüber erzählen. Vielleicht inspirieren dich meine Erfahrungen und bringen dich dazu, Fehler zu vermeiden, die ich – wie wir alle – im Laufe meines Lebens- und Arbeitsweges gemacht habe.

MEIN WERDEGANG – AUF KRUMMEN WEGEN ZUM ZIEL

Zur Schule ging ich sehr gern. Lernen fiel mir leicht. Gute Noten waren mir wichtig. Dass ich Abitur machen würde, war für mich eigentlich von Anfang an klar. Obwohl ich nicht aus einer Akademikerfamilie komme, erschien es mir der logische Weg. Eine

Lehre zu machen, war für mich keine Option, auch wenn ich heute mitunter denke, es wäre vielleicht besser gewesen. Auf dem Gymnasium hatten alle das gleiche Ziel, nämlich Abitur zu machen. Also schwamm ich in diesem Strom mit. Schule machte Spaß – warum also sollte ich im Anschluss daran nicht studieren? Trotzdem meldete ich mich mit 16 Jahren neben der Schule in einer Casting-Agentur an, ging zu Castings und ergatterte meine erste Kinofilmrolle. Im Film „Elementarteilchen" spielte ich die junge Annabelle, die als Erwachsene von Franka Potente dargestellt wurde.

Doch in der Filmbranche fühlte ich mich nicht recht wohl. Eingestehen wollte ich mir das aber lange nicht. Dank der Rolle konnte ich meinen Führerschein bezahlen. Und das war ja nicht schlecht. Ich möchte die Zeit rückblickend also nicht missen. In dieser Lebensphase habe ich gelernt, was ich *nicht* möchte. Allerdings brauchte diese Erkenntnis fast zehn Jahre. Erst mal ließ ich die Castingsache neben der Schule her laufen, spürte aber schon früh instinktiv, dass ich wahrscheinlich nie den großen Durchbruch schaffen würde. Die Rollen und Werbeaufträge hielten sich in Grenzen. Völlig naiv dachte ich dennoch, dass sich das automatisch ändern würde, sobald ich nach dem Abitur mehr Zeit für die Schauspielerei hätte. Tat es natürlich nicht! Ich hatte nicht wirklich an mir gearbeitet und mein Talent allein reichte nicht aus. Als es dann auch noch mit meinem Wunsch-Studienplatz nicht klappte, war ich frustriert. Ich hatte einfach viel zu lange die falsche Gewissheit kultiviert, dass alles läuft und mir mehr oder weniger in den Schoß fallen wird. So erlebte ich nach dem Abi den Schock des Reality Checks. Und merkte, hoppla, ich muss mich ja um mein Leben selbst kümmern und eine Entscheidung darüber treffen, was ich aus mir machen wollte.

Doch das war schwierig, weil ich nicht wusste, was ich wollte. Ich wusste nicht, wo meine Talente liegen. Ich war überfordert von den scheinbar unendlich vielen Wegen, die ich einschlagen konnte. Ich fühlte mich wie gelähmt. Meine Freunde und Freundinnen gingen für „work and travel" nach Australien, ich blieb in Berlin. Und fiel in ein tiefes Loch. Ich hatte mich nur in Berlin an Unis beworben. Da hatte ich mit meiner Abi-Note keine Chance. Aber in eine andere Stadt zur Uni gehen? Kam mir überhaupt nicht in den Sinn! Anderthalb Jahre dauerte es, bis ich mich wieder berappelte. Ich machte Praktika, stellte aber fest, dass es mich langweilte, im Büro zu sitzen und Schreibtischtätigkeiten auszuführen. Schließlich fing ich an, in Potsdam Kulturwissenschaft und Anglistik zu studieren und besuchte nach dem ersten Semester neben dem Studium auch noch eine private Schauspielschule. Jede Woche ging ich vier Tage in die Schauspielschule und einen Tag an die Uni. Prüfungen fanden zeitgleich statt. Diese Prozedur zog ich anderthalb Jahre durch, dann verließ ich die Schauspielschule. Ich fühlte mich dort unwohl, konnte mit den Lehrmethoden nichts anfangen und wollte auch gar nicht zum Theater. Sondern zum Film. Das hat aber nicht geklappt. Immerhin schloss ich trotzdem nach vielen Semestern das Studium mit sehr guter Note ab.

Ab diesem Punkt änderte sich dann viel in meinem Leben. Von heute auf morgen begann ich, mehr auf mein Bauchgefühl zu achten. Und nur das zu tun, was ich wirklich wollte. Als ich die Bachelorarbeit schrieb, hatte ich ein klares Ziel vor Augen: Ich wollte im Anschluss daran für drei Monate in die USA gehen. Lange hatte ich dafür gespart. Es war mein Traum. Endlich mal weg! Und es klappte. In den USA eröffnete sich mir eine neue Welt. Mir wurde klar, dass ich mehr Zeit im Ausland verbringen möchte. Ich ging nach New York, machte einen Schauspielkurs, schloss Bekanntschaften. Ich fühlte mich wohl und war stolz darauf, diesen Schritt, ganz allein auf mich gestellt, gewagt zu haben.

Nach drei Monaten kam ich zurück und schlitterte in ein Masterprogramm „European and International Studies“ an einem Institut in Nizza. Ein Freund machte mich darauf aufmerksam. Dass ich dort aufgenommen wurde, grenzte für mich an

ein Wunder. Der Studiengang war dreisprachig, Englisch, Französisch und Deutsch. Mein Französisch war auf 11.-Klasse-Niveau. Doch ich lebte nach der Devise: Alles mitnehmen, was geht. Ich hatte eine großartige Zeit in Nizza. Das Thema Politik begeisterte mich. Zuvor hatte ich damit nie etwas am Hut. Ich war unter 19 Studierenden eine der ältesten, alle waren unglaublich ambitioniert, viele hatten trotz ihres jungen Alters bereits Erfahrungen in politischen Institutionen gesammelt und beherrschten alle drei Sprachen. Doch das bekümmerte mich nicht. Ich wollte meinen Horizont erweitern. Inspiriert durch eine jordanische Freundin, machte ich ein halbes Jahr später ein dreimonatiges Praktikum in einer politischen Stiftung in Amman.

BAUCHGEFÜHL IST DAS A UND O

Das war mein letzter längerer Auslandsaufenthalt. Ich war inzwischen 28 Jahre alt und trotz der vielen interessanten Möglichkeiten beruflich nicht wirklich weitergekommen. Doch eines stand für mich endgültig fest: Ich wollte mit der Schauspielerei definitiv nicht mehr weitermachen. Nicht mehr zu Castings gehen. Mich nicht mehr auf Rollen vorbereiten. Nicht mehr ständig abgelehnt werden. Nicht spielen. Als ich mir das endlich eingestand, fiel eine Riesenlast von meinen Schultern.

Und wieder passierte danach ganz viel auf einmal: Mein Vater zog aus der Berliner Wohnung aus. Richard zog ein. Ich hatte keinen Job, kein Geld und wollte trotzdem die Wohnung so herrichten, wie es mir gefiel. Also fing ich an, sie mit wenigen Mitteln selbst zu gestalten. Ich strich Wände, lackierte Dinge, schmiss Sachen raus. Und lebte damals richtig minimalistisch. Schließlich brachte Richard mich auf die Idee, einen YouTube-Kanal zum Thema DIY zu starten. Richard brachte das Equipment mit, ich meine Kreativität – und los ging's! Das war der Anfang von allem. Und der beste und sinnvollste Schritt meines bisherigen Werdegangs. Obwohl ich anfangs jedes Mal sehr nervös war, wenn ein neues Video online ging, spürte ich doch, dass ich beruflich angekommen war. Es war genau das, was ich machen wollte!

Wie du siehst, brauchte ich lange, um meinen beruflichen Weg zu finden. Doch alle Erfahrungen, ob positiv oder negativ, brachten mich weiter. Heute bin ich stolz auf meinen krummen Lebenslauf, für den ich mich früher oft geschämt habe. Lange hatte ich nur die Menschen bewundert, die schon früh wussten, was sie wollten und konsequent ihr Ziel verfolgten. Heute weiß ich: Das ist nicht der einzige Weg.

Man muss zu sich selbst finden, seine wirklichen Talente kennenlernen, spüren, wofür man wirklich brennt, was man gerne macht, womit man sich wohlfühlt. Deshalb: Höre auf dein Bauchgefühl. Wenn sich etwas gut anfühlt, trau dich, mach es. Die richtige Entscheidung zu treffen, ist nicht immer leicht. Doch in einem Job zu bleiben, der dich jeden Tag quält, wäre ein zu hoher Preis. Klar macht kein Job jeden Tag auf gleiche Weise Spaß, und manchmal hat man einfach keine Lust auf die tägliche Routine im Job. Aber ein Dauerzustand sollte das nicht sein.

WERDE AKTIV!

Setze dich bei deinen Überlegungen aber nicht zu sehr unter Druck. Wenn du an einem Punkt in deinem Leben bist, an dem du noch nicht weißt, was du wirklich machen möchtest, ist das okay. Probiere aus, finde heraus, was du *nicht* möchtest, was dir *nicht* liegt – aber mach auf alle Fälle erst einmal irgendetwas! Denn jede Erfahrung bringt dich weiter. Marc Aurel, der römische Philosoph, brachte es auf den Punkt: „Man bereut nie, was man getan hat, sondern immer nur, was man nicht getan hat." Jede Entscheidung ist besser als keine Entscheidung. Das ist zumindest meine Erfahrung. Ich hatte im Leben dunkle und schwere Zeiten, in denen ich mich machtlos und hilflos fühlte. Ich dachte, ich komme da nie wieder heraus. Wie ich heute weiß, war die Ursache dafür meine Passivität. Ich habe die Dinge einfach laufen lassen, anstatt Entscheidungen zu treffen. Aus Hilflosigkeit tat ich gar nichts.

Deshalb: Alles, was du aktiv in Bewegung setzt, ist gut. Jeder Schritt, der sich richtig anfühlt, ist gut. Alles bringt dich weiter! Bleibe in Bewegung, auch wenn du noch nicht weißt, in welche Richtung du dich bewegen möchtest.

TUE, WAS DU LIEBST, UND DU WIRST KEINEN TAG ARBEITEN – STIMMT DAS?

Ich glaube fest daran, dass man nur darin wirklich gut ist, was man gerne macht. Alles andere übt man nur halbherzig aus oder hält es meist nur kurz durch. Mein Mann Richard war zum Beispiel immer gut in Mathe. Es lag nahe, dass er etwas studieren würde, bei dem er diese Fähigkeit braucht. Er begann ein Studium in dieser

Richtung, zur Freude seiner Eltern. Doch er ignorierte, dass er zwar die Begabung für das Studium hatte, aber keinerlei Interesse am Metier. Gott sei Dank gestand er sich diesen Umstand nach kurzer Zeit selbst ein. Und hatte auch den Mut, seinen Eltern klarzumachen, dass er auf die Kunsthochschule gehen möchte. Sie waren zwar nicht begeistert. Doch als sie merkten, dass er das Filmemachen mit Begeisterung betrieb und ein Talent dafür hat, legte sich ihre Besorgnis. Heute ist Richard ein absoluter Workaholic. Er liebt seinen Beruf und empfindet ihn überhaupt nicht als Arbeit. Mir geht es ähnlich. Seit ich mit YouTube begonnen habe und hauptberuflich werkele und bastele, fühlt sich meine Arbeit überhaupt nicht wie Arbeit an. Deshalb verbringe ich heute täglich wesentlich mehr Zeit mit meinem Beruf als in meinen früheren Tätigkeiten. Ich liebe, was ich tue. Ich bin gerne selbstständig. Meine Einstellung zur Arbeit hat sich verändert. Auch die Einstellung zum Wert meiner Arbeit.

ARBEIT ENTSTEHT, WO SIE GEMACHT WIRD

Und damit komme ich zum eingangs zitierten Spruch: Wenn man liebt, was man tut, arbeitet man keinen Tag – dieser Erfahrung stimme ich insofern zu, als es essenziell ist, sich einen Beruf zu suchen, den man mag. Dennoch bleibt es ein Beruf. Und somit Arbeit! Auch ich kenne Momente, in denen ich keine Lust habe zu basteln und am liebsten nur vor der Glotze liegen möchte. Oder ein Buch lesen, statt Babydeckchen zu stricken. Nicht alles macht zu jedem Zeitpunkt Spaß. Natürlich bringt die Selbstständigkeit auch Aufgaben mit sich, die eher lästig sind. Steuersachen, Buchhaltung, Ablage. Wenn man es gemacht hat, fühlt es sich super an, aber Zahlen sind nun mal nicht mein Ding. Diesen Teil meiner Arbeit würde ich gerne weglassen, wenn ich könnte. Aber er gehört eben dazu. Insofern würde ich den Spruch etwas deutlicher fassen: Das Grundgefühl, die Grundeinstellung zu deinem Job müssen stimmen!

Falls du feststellen solltest, dass dein Job Tag für Tag nur die reine Quälerei für dich ist und du dich nur noch nach Feierabend und Wochenende sehnst, solltest du darüber nachdenken, wie du dich beruflich verändern könntest. Dabei halte ich das Argument der vermeintlichen Sicherheit eines festen

Jobs für nicht so wichtig. Wenn du etwas tust, was du magst, wirst du darin immer erfolgreich sein oder zumindest nicht mehr so unglücklich.

Wenn man liebt, was man tut, neigt man aber auch dazu, viel mehr zu arbeiten, als man es in einem anderen Job tun würde. Das ist nicht per se schlecht. Doch es kann sich destruktiv auswirken, und da spreche ich aus Erfahrung. Eine Therapeutin meinte einmal: „Arbeit entsteht dort, wo sie gemacht wird!" Dieser Satz ist mir hängen geblieben. Er ist nur allzu wahr! Er gilt fürs Privatleben wie für das professionelle Umfeld. Vielleicht hast du das auch beobachtet: Der Elternteil, der sich mehr mit den Kindern beschäftigt, ist auch der Part, zu dem die Kinder öfter kommen. An den Mitbewohnern, die am meisten im Haushalt machen, bleibt am meisten Arbeit hängen. Wenn man viel arbeitet, entsteht viel Arbeit. Das ist Fluch und Segen zugleich. Wenn du viel Arbeit in etwas steckst, ist die Wahrscheinlichkeit hoch, dass du damit Erfolg haben wirst. Selbstverständlich gehört auch immer ein bisschen Glück dazu, aber in der Regel kannst du davon ausgehen, dass sich deine Arbeit auszahlen wird.

Erfolg öffnet Türen. Und die Versuchung liegt nahe, durch jede hindurchzugehen. Je mehr ich beispielsweise arbeite, desto mehr Kooperationspartner kommen auf mich zu. Das lässt mich noch mehr arbeiten. Ich liebe das. Es macht mir wahnsinnig Spaß. Ich liebe es, vor der Kamera zu stehen. Ich liebe es, zu schreiben, und meinen Social-Media-Beruf liebe ich sowieso! Aber manchmal komme ich auch an meine Grenzen. Körper und Geist brauchen Pausen. Um voll leistungsfähig zu sein, muss man sich mental und körperlich erholen. Zum Glück merke ich relativ schnell, wenn mir alles zu viel wird. Das hält mich meist aber nicht davon ab, trotzdem einfach weiterzumachen. Und daran muss ich unbedingt noch arbeiten!

Es ist schwer, runterzufahren, weil man einerseits ja arbeiten *möchte*. Doch es kann eben möglich sein, dass der Moment kommt, an dem man nicht mehr arbeiten kann. Da Richard und ich fast täglich zusammen arbeiten und gleichzeitig Eltern und ein Paar sind, äußert sich dieses Zuviel zumeist im Privatleben. Wir sind in solchen Momenten ständig genervt und verheddern uns in sinnlosen Streits, einfach, weil wir völlig überlastet sind. Wir sind unglaublich dankbar, dass wir beide unseren Lebensunterhalt mit etwas verdienen können, das uns Riesenspaß macht. Das sagen wir uns gegenseitig auch immer wieder. Ich würde im Moment mit nichts und niemandem tauschen wollen. Aber in Situationen, wo uns Arbeit und Pflichten über den Kopf wachsen, müssen wir trotzdem darauf achten, wo unsere Grenzen der Belastbarkeit liegen. Und das ist ein wichtiger Aspekt, der uns alle betrifft.

Entsetzt bin ich darüber, wie viele Menschen es gibt, die sich für ein Unternehmen für einen Hungerlohn abrackern. Und keine Anerkennung dafür bekommen. Das betrifft vor allem auch viele junge Menschen. Teilweise werden Praktika immer noch nicht bezahlt. Unternehmen finden Mittel und Wege, sich durch die Rekrutierung von Praktikanten kostenlose Arbeitskräfte zu verschaffen. Viele von ihnen sind teilweise überqualifiziert für ihre Position. Das ist weithin Usus, und ich habe keinerlei Verständnis mehr dafür. Ich habe selbst Erfahrungen in einer Branche, in der es üblich ist, Jahre oder Jahrzehnte unbezahlt zu arbeiten. Die Schauspielbranche ist so ein Metier. Junge Schauspieler drehen einen Kurzfilm nach dem anderen, eine Low-Budget-Produktion folgt der nächsten, und dafür bekommen sie als Lohn „Material fürs Demoband, Essen und ein tolles Team". Zitat! Mir ist durchaus bewusst, dass viele Filmemacher selbst tatsächlich nicht das Geld zur Verfügung haben, ihre Schauspieler zu bezahlen, und dennoch gerne einen tollen Film machen möchten. Ich bin dennoch der Meinung, dass das nicht geht. Ich gehe ja auch nicht zu meiner Babysitterin und sage zu ihr: „Ich kann dich zwar nicht bezahlen, aber wir sind eine echt nette Familie, und du kannst mit uns auch abendessen!" Ich könnte mich darüber wirklich leidenschaftlich aufregen. Es ist eine Frechheit, mit welcher Selbstverständlichkeit gerade auch in vielen kreativen Branchen die Arbeit und Mühe von Menschen unter Lohnniveau behandelt wird. Anständige Bezahlung? Ein Honorar, vom dem sich leben lässt? Pustekuchen! Auch wenn Menschen Freude an ihrem Talent und ihrer Arbeit haben, ist nicht zu leugnen, dass es Arbeit ist. Deswegen möchte ich dir mit auf den Weg geben: Verkaufe dich niemals unter Wert! Egal, welche Arbeit du machst, gleichgültig, ob sie dir viel oder wenig Spaß macht, es ist Arbeit – und die muss so bezahlt werden, dass du dich damit wertvoll behandelt fühlst. Lass dich nicht abspeisen mit einem „tollen Team" oder einer „super Kantine". Kenne deinen Wert, und wenn den jemand nicht sieht, suche das Weite. Ich habe mir diese Haltung in den letzten Jahren hart erarbeiten müssen. Es ist ein Prozess. Und natürlich darf es hin und wieder ein Herzensprojekt geben, dass sich finanziell eigentlich nicht lohnt. Aber auch das sollte nicht zum Dauerzustand werden. Denn sonst wirst du ausgenutzt.

WARUM ARBEITEN WIR EIGENTLICH SO VIEL?

In unserer Gesellschaft hat Arbeit einen extrem hohen Stellenwert. Ist das sinnvoll? Diese Frage stelle ich mir oft. Fakt ist, dass wir arbeiten, um uns Träume zu erfüllen, um uns Dinge kaufen zu können und unseren Lebensunterhalt zu bestreiten. Miete, Kleidung, Essen, Heizung. Je nachdem, in welcher Gegend Deutschlands man lebt, braucht man mal mehr, mal weniger Einkommen, um sich all dies leisten zu können. Es ist wichtig, mit dem eigenen Einkommen bequem über die Runden zu kommen. Alles andere bedeutet Stress – psychischen wie körperlichen. Neben äußeren Maßstäben haben wir jedoch einen Spielraum, innerhalb dessen wir für uns persönlich festlegen können, was „bequem über die Runden zu kommen" für uns bedeutet.

Im Minimalismus geht es im Wesentlichen um die eine, zentrale Frage: Wie viel Luxus brauchen wir? Genauer: Wie hoch ist der Preis, den wir dafür zu zahlen bereit sind? Was wir brauchen oder nicht, wird uns zu einem großen Teil von außen vorgegeben. Wir können jedoch selbst entscheiden, wie sehr wir uns davon beeinflussen lassen. Medien, Gesellschaft, Kollegen, Familie – alle haben ihre eigenen Vorstellungen davon, was wichtig und erstrebenswert ist. Inmitten all dieser Vorgaben müssen wir jedoch unseren eigenen Weg finden. Und das ist nicht leicht. Wenn man viel mit Menschen zu tun hat, für die Geld einen hohen Stellenwert hat, findet man sich oft in der Lage wieder, das ebenso zu sehen. Doch wenn man genauer in sich hineinhört, spürt man vielleicht, dass diese Ansicht gar nicht wirklich mit den eigenen Bedürfnissen übereinstimmt. Mir ist zum Beispiel klar geworden, dass ich oft denke, ich bräuchte unbedingt dieses oder jenes. In Wirklichkeit übernehme ich damit aber nur die Erwartungen anderer. Ich denke, ich müsste etwas haben, weil von mir *erwartet* wird, es zu haben. Ich passe mich einer Erwartung an, ohne zu hinterfragen, ob das überhaupt meinem Lebensmodell entspricht. Das passiert ganz unbewusst, deswegen möchte ich dir Gelegenheit geben, darüber nachzudenken.

ES GIBT NUR EINEN WEG: DEINEN!

Auch ich habe meinen Weg in dieser Hinsicht noch nicht hundertprozentig gefunden. Aber es ist wichtig, diese Zweifel überhaupt erst einmal zuzulassen. Warum arbeiten wir so viel? Weil wir es aus existenziellen Gründen müssen? Weil unser Job möglicherweise so schlecht bezahlt ist, dass wir den niedrigen Lohn mit noch mehr Arbeit kompensieren müssen, um über die Runden zu kommen? Weil uns vorgelebt wurde, dass man halt viel arbeiten muss? Haben wir vielleicht ein bestimmtes Ziel vor Augen, für das wir Geld benötigen? Oder arbeiten wir gerne viel, weil es uns einfach Spaß macht und Erfüllung schenkt? Es gibt tausend Gründe dafür, viel zu arbeiten. Manche sind positiv, weil sie auf persönlicher Motivation beruhen. Andere sind negativ, weil sie uns entweder von außen diktiert werden oder einem äußeren Zwang folgen (Stichwort niedrige Löhne!). Es ist wichtig, dass du dir bewusst machst, aus welchen Gründen du möglicherweise zu viel arbeitest, und ob diese Gründe wirklich deiner inneren Überzeugung entsprechen.

Ich kenne nicht wenige Personen, denen berufliche Arbeit im Grunde nicht so wichtig ist. Das bedeutet nicht, dass diese Menschen faul wären. Das wird ja gern unterstellt, wenn jemand das Geldverdienen nicht ganz oben auf seiner Prioritätenliste stehen hat. Nein, vielen Menschen sind andere Dinge einfach wichtiger: zum Beispiel Zeit mit den Kindern zu verbringen oder kreativ zu sein oder sich um das Wohl anderer zu kümmern. Überlege dir daher, was deine Prioritäten im Leben sind. Und stelle dir die entscheidende Frage: Was ist dir wirklich wichtig? Diese Frage sollte sich wie ein roter Faden durch den Prozess ziehen, dein Leben minimalistischer zu gestalten. Und die Antwort darauf ist deine ganz persönliche Antwort. Es gibt kein Richtig und kein Falsch. Es gibt nur *deinen* Weg!

WENIGER ARBEITEN – MEHR LEBENSQUALITÄT?

Steigt die Lebensqualität, wenn wir weniger arbeiten? Ich glaube in den meisten Fällen: ja. Das sage ich, obwohl ich gerne arbeite. Lebensqualität bedeutet für mich nicht, mehr Zeit für Netflix-Marathons zu haben. Es bedeutet für mich, dass wir viele unserer Talente und Interessen vernachlässigen, wenn wir bei der Wahl des Jobs ausschließlich ans Geldverdienen denken. Das beschreibt Christine Thürmer in ihrem Buch „Laufen. Essen. Schlafen". Darin erzählt sie, wie ihr langsam bewusst wurde, dass sie im Langstreckenwandern mehr Erfüllung findet als im Streben nach einer guten beruflichen Position und einem hohen Gehalt. Gerade wenn man sehr viel arbeitet, hat man oftmals überhaupt nicht die Zeit, Freunde in die tolle Wohnung oder das Haus einzuladen, das man sich erarbeitet hat. Man ist ständig beruflich unterwegs, schläft auf Geschäftsreisen in Hotels, ist dauernd gehetzt – klar kommt in so einer Situation irgendwann der Punkt, an dem man merkt: Hoppla – alle um mich herum haben einen Partner, eine Partnerin, Kinder und Familie. Und dann merkt man, dass man sich tief drinnen eigentlich einsam fühlt.

Das ist zwar ein Extrembeispiel, aber es zeigt: Bestimmte Dinge lassen sich nicht kaufen. Bevor du also an einen Punkt in deinem Leben kommst, wo du das Gefühl hast, im Hamsterrad gefangen zu sein, überlege dir, was du wirklich gerne tust. Vielleicht möchtest du schon länger eine Sprache erlernen? Vielleicht hast du schon länger keine Gelegenheit mehr gehabt, ausgiebig mit deiner Freundin über alles zu reden, was euch beschäftigt? Vielleicht möchtest du abends lieber mehr Zeit haben, deinem Kind eine Geschichte vorzulesen, anstatt noch E-Mails abzuarbeiten?

Auch bei mir ist die Vorstellung, dass viel zu arbeiten etwas Gutes sei, ganz tief verankert. Durch die Schwangerschaft wurde ich jedoch ausgebremst und merkte, wie gut mir das tat. Einmal war ich mit meiner Freundin in einem Café verabredet, um zu frühstücken und zu arbeiten. Wir haben gequatscht, gegessen und waren richtig produktiv! Als wir fertig waren, machten wir spontan einen längeren Spaziergang und setzten uns anschließend noch mal in ein Café, aßen eine Zimtschnecke mit Vanillesauce und redeten über Gott und die Welt. Eigentlich wollte ich nach unserem Arbeitsfrühstück sofort wieder zurück an den Schreibtisch. Dass es sich anders ergab, war dann aber genau das Richtige. Ich hatte einen wunderbaren Tag. Er gab mir Energie, Motivation und ganz viel positiven Input. Einfach, weil meine Freundin und ich das taten, wonach uns im Moment gerade war! Vielleicht denkst du jetzt, dass ich mir diese Freiheit herausnehmen kann, weil ich selbstständig bin. Ja, das stimmt. Ich kann mir den Tag frei einteilen. Als Angestellte wäre das nicht so leicht möglich. Doch ich weiß von vielen meiner Freundinnen und Freunde, dass sie sich sehnlich wünschen, in ihrem Job kürzertreten zu können. Die meisten sind wie ich Anfang bis Mitte Dreißig. Sie möchten neben ihrer Arbeit endlich mehr Zeit für andere Dinge haben!

SPRUNG IN DIE SELBSTSTÄNDIGKEIT

Ich selbst war in meinem Leben nur zwei Monate lang in einem Unternehmen fest angestellt, allerdings in Teilzeit. Das war 2018. Mein YouTube-Kanal lief schon, und ich wollte dafür Zeit zur Verfügung haben. Obwohl mir der Job Spaß machte und ich mich damit ganz gut identifizieren konnte, stießen mir einige Dinge auf. Ich empfand die Routine, jeden Tag zur gleichen Zeit im Büro zu sein und zur gleichen Zeit nach Hause zu gehen, als nervig. Auch gefiel mir nicht, dass ich tagein, tagaus nur am Schreibtisch saß. Dazu kam, dass ich das Gefühl hatte, in dem Unternehmen nicht viel bewirken zu können. Dann ging die Firma pleite. Die erste Entlassungswelle führte dazu, dass ich die Stelle verlor. Ich war im ersten Moment nicht glücklich darüber. Doch ziemlich schnell wurde mir klar, dass es das Beste war, was mir passieren konnte. Ich hatte dadurch viel mehr Zeit, mich meiner Selbstständigkeit zu widmen. Bald konnte ich mir damit meinen Lebensunterhalt sichern. Und möchte dir aus dieser Erfahrung heraus Mut machen: Das Leben ist zu kurz, um in einem Job unglücklich zu sein!

MEINE 10 BESTEN TIPPS FÜR MINIMALISTISCHES ARBEITEN

1. Mach dir bewusst, wofür du arbeitest und was dir wirklich wichtig ist im Leben.
2. Gestalte deinen Arbeitsplatz so übersichtlich wie möglich, damit du nicht jedes Mal erst aufräumen und sortieren musst, bevor du anfängst.
3. Fokussiere dich und arbeite effizient - so schaffst du mehr in weniger Zeit.
4. Setze Prioritäten: Nicht alles ist immer gleich wichtig.
5. Erledige dringende Dinge so schnell wie möglich, damit du den Kopf freihast für anderes.
6. Kenne deinen Wert. Verkaufe dich nicht unter Wert. Du stellst deine Fähigkeiten und deine Lebenszeit zur Verfügung!
7. Wenn du unglücklich bist: trau dich! Wechsle deinen Job, arbeite weniger Stunden, mach dich selbstständig.
8. Hab keine Angst, dich gegen den Mainstream zu stellen. Es ist dein Leben und nur du entscheidest, wie du es gestalten möchtest.
9. Höre auf deinen Körper und deine Psyche. Sie werden dir schon sagen, wann du eine Pause machen musst. Am besten planst du regelmäßige Pausen immer mit ein.
10. Verabschiede dich von digitalem und materiellem Wust, so hast du einen besseren Überblick und einen klareren Kopf.

DER MINIMALISTISCHE ARBEITSPLATZ

Wenn du deine Arbeit minimalistischer gestalten möchtest, wirst du nicht darum herumkommen, zunächst einmal großzügig auszumisten. Das fängt beim Büromaterial an und geht über den ganzen Papierkram bis zu Stauraum und Ablageflächen, die du vielleicht nur nutzt, um Unerledigtes auszulagern. Bei handwerklichen Berufen gilt das auch. Wenn ich meine Werkstatt gut sortiert und aufgeräumt halte und nicht mit allerlei Zeug vollstelle, finde ich viel schneller, was ich zur Hand haben muss.

Beobachte dich mal in deinem Arbeitsalltag: Was brauchst du auf jeden Fall, was nutzt du nur ab und zu, welche Dinge benötigst du nie? Letztere können sofort weg. Auch die Dinge, die du nur ab und zu brauchst, müssen nicht in unmittelbarer Griffbereitschaft liegen. Nur das, was du häufig und regelmäßig nutzt, musst du so ordnen, dass du es sofort zur Hand hast. Gibt es einen Schrank oder eine Schublade, die vor Papier überquillt? Gar der Schreibtisch? Wenn ja, geh mal den ganzen Papierkram durch und entscheide, was du unbedingt behalten musst – und was entsorgt werden kann. Dein Schreibtisch sollte im Prinzip immer so aufgeräumt sein, dass nur die Unterlagen darauf liegen, die du für aktuelle Aufgaben brauchst. Überlege dir auch ein Ablagesystem, das leicht zu handhaben ist. Ich sortiere zum Beispiel Firmenunterlagen nach Jahr und Monat. Ich habe mir einen Ordner für grundlegende Dokumente und Informationen angelegt. Da bewahre ich unter anderem meine Geburtsurkunde auf. Vielleicht hast du aber auch ein anderes System im Kopf, das dir praktikabler erscheint. Wichtig ist, dass du dich in deinen Unterlagen schnell und verlässlich zurechtfindest. Das gilt auch für die digitale Ablage! Und noch ein Tipp: Je schneller E-Mails beantwortet werden, desto schneller kommt eine Antwort zurück. Hier kannst du, wenn du möchtest, auch ein bisschen Tempo rausnehmen.

KRISTINA RICKEN

Kristina Ricken, 35, lebt als Ordnungs- und Minimalismus-Coach in Köln. Viele kennen sie von ihrem Instagram-Account @einquadratmeter, auf dem sie Inspirationen und Tipps rund ums Thema Minimalismus teilt. Ihr Weg zum Minimalismus begann vor über sieben Jahren, als sie – ausgelöst durch eine Lebenskrise – eine Doku über Minimalismus sah und sich im Anschluss daran sofort daranmachte, ihr Zuhause radikal auszumisten. Seither hat sich durch die minimalistische Lebensweise vieles bei ihr verändert. Leichtigkeit und Freude sind in ihr Leben zurückgekehrt, erzählt sie, und das möchte sie weitergeben und so vielen Menschen wie möglich dabei helfen, sich effektiv von altem Ballast zu befreien. Mit persönlichen Coachings, auf ihrem Instagram-Account und mit Online-Kursen hilft sie anderen, die positiven Seiten des Minimalismus in ihr Leben zu integrieren:

Instagram: @einquadratmeter | Website: www.einquadratmeter.com

KRISTINA RICKEN VON @EINQUADRATMETER ORDNET DEN PAPIERKRAM

„Ich bin aus tiefstem Herzen davon überzeugt, dass weniger auf so vielen Ebenen des Lebens einfach mehr ist", sagt Kristina Ricken. Sie ist erfolgreich als Coach und gibt zum Thema Minimalismus Online-Kurse. Seit über sieben Jahren beschäftigt sie sich privat und beruflich mit dem Thema und kennt sich vor allem in Bezug auf minimalistische Büroorganisation bestens aus. Mit ihr sprach ich darüber, wie wir beruflich und privat die Berge an Papierkram, Unterlagen, Dokumenten und unsere digitale Ablage minimalistischer und somit übersichtlicher und einfacher in den Griff bekommen.

KRISTINA, DU BIST ORDNUNGSCOACH UND KENNST DICH BESTENS MIT BÜROSACHEN AUS. WAS HAT PAPIERKRAM MIT MINIMALISMUS ZU TUN?

Kristina: Der tägliche Papierkram ist auf unserem Weg in ein minimalistischeres Leben eine der größten Herausforderungen. Ich bin Ordnungscoach – doch obwohl ich meine Unterlagen fein säuberlich abhefte, habe ich trotzdem öfter das Gefühl, zu viel von all den Unterlagen, Dokumenten, Papiersachen zu haben, mit denen wir alle täglich zu tun haben. Zu viel Papierkram kann, wie andere Dinge auch, ein Grund dafür sein, die Übersicht zu verlieren. Papierkram zu minimieren, spart deshalb auf Dauer sehr viel Arbeit, Zeit und Energie.

UND WIE FÄNGT MAN MIT DEM ORDNUNGSCHAFFEN AN?

Kristina: Ganz wichtig, zuallererst gründlich ausmisten! Und zwar alles, was nicht unbedingt notwendig und lebenswichtig ist. Beim Unterscheiden von Wichtigem und Unwichtigem hilft mir der Spruch: „Nicht alles kommt in mein Leben, um zu bleiben, auch Papierkram nicht!“ Was wichtig ist und was nicht, ist ja meist gesetzlich geregelt: Es gibt Aufbewahrungsfristen für bestimmte Unterlagen, Versicherungen, Mietverträge, Kaufverträge, Steuersachen ... Hier braucht man ein bisschen Ausdauer, muss sich im ersten Schritt wirklich alles genau durchsehen und vielleicht auch mal bei der Versicherung oder bei der Steuerberaterkanzlei nachfragen, was gebraucht wird und was nicht. Erst wenn eindeutig geklärt ist, welche Dokumente wie lange aufbewahrt werden müssen, kann der zweite Schritt erfolgen – das Ordnen. Auch wenn die gründliche Durchsicht erst mal ein wenig Zeit in Anspruch nimmt, erspart sie auf Dauer viel Energie – weil man danach einen klaren Überblick über alle persönlichen Unterlagen hat.

UND WIE ORDNET MAN DIE WICHTIGEN DOKUMENTE UND PAPIERSTÜCKE?

Kristina: Ich habe gute Erfahrungen damit, sie nach Kategorien abzuheften und zu ordnen. Zum Beispiel „Arbeit“, „Wohnen“, „Gesundheit“, „Versicherungen“, „KFZ“, „Steuer“. Ich empfehle, maximal 10 Oberbegriffe zu wählen und für jedes Mitglied im Haushalt einen Ordner mit diesen Kategorien anzulegen. Beim Abheften kann man noch Unterkategorien festlegen wie „Wohnen/Mietvertrag“ – aber bitte keine Wissenschaft daraus machen! Ich empfehle immer, intuitiv vorzugehen und sich zu fragen: Unter welchem Stichpunkt würde ich dieses oder jenes Dokument als Erstes suchen? Und das Papierstück dann genau unter diesem Stichwort abzuheften! Ich persönlich lege meine KFZ-Dokumente zum Beispiel nicht unter der Kategorie „Versicherungen“ ab, sondern unter „Auto“ – weil ich unter diesem Stichwort als Erstes suche.

„Nicht alles kommt in dein Leben,
um zu bleiben
auch Papierkram nicht!“

HAST DU AUCH TIPPS FÜR DIE DIGITALE ABLAGE?

Kristina: Ein guter Tipp, um Chaos vorzubeugen, ist: Beim Neuordnen des Papierkrams in handlichen Ordnern gleich auch mit zu überlegen, welche Ordner noch digital hinzukommen werden – und diese beiden Ordnungssysteme gleich von Anfang an zu koordinieren. Viele digitalisieren mittlerweile ihre Dokumente, da hilft es, beim Anlegen der digitalen Ordner die gleiche Struktur und die gleichen Kategorien zu wählen wie bei den Ordnern im Regal. Mein Rat: Erst dann mit dem Digitalisieren der Unterlagen beginnen, wenn die griffbereiten Ordner komplett aussortiert und neu strukturiert worden sind – das spart doppelte Arbeit.

WIE SCHAFFE ICH ES, NICHT NOCH MEHR PAPIERKRAM ANZUHÄUFEN?

Kristina: Wenn du einmal gründlich ausgemistet und eine neue, übersichtliche Ordnung in deine Unterlagen gebracht hast, ist das Wichtigste schon geschafft! Du weißt jetzt, wo was hinkommt und welche Unterlagen überhaupt gebraucht werden. Was im Alltag neu hinzukommt, brauchst du anschließend nur noch nach den neu erstellten Kategorien abzuheften – oder kannst es bei Bedarf auch gleich aussortieren. So behältst du auf Dauer die Übersicht über alle deine Unterlagen. Mir gefällt in dieser Hinsicht der Spruch des Schriftstellers Kurt Tucholsky: „Die Basis einer gesunden Ordnung ist ein großer Papierkorb."

UND WIE GEHST DU BEIM BEARBEITEN VON PAPIERKRAM VOR?

Kristina: Da habe ich eine bewährte Regel: Alles, was ich in Papierform erhalte, wird sofort geöffnet und schnellstens erledigt. Was dringend ist, beantworte beziehungsweise bearbeite ich sofort. Was ein paar Tage warten kann, kommt auf eine kleine Ablage, die ich nur für diesen Zweck angelegt habe. Ich brauche also für den täglichen Papierkram nur ein paar Minuten und wöchentlich etwa eine halbe Stunde für die Ablage. Gleichzeitig digitalisiere ich alles für die digitale Ablage. Ich habe nur noch einen einzigen Ordner für private Papiere, die man im Original aufbewahren muss (Geburtsurkunde, Zeugnisse, Versicherungspolicen, Fahrzeugbrief). Alle anderen Unterlagen digitalisiere ich oder ordne sie in der digitalen Ablage (vieles bekommt man heute ja sowieso nur digital und nicht mehr in Papierform).

DIE DIGITALE ABLAGE KANN ABER AUCH SO IHRE TÜCKEN HABEN ...

Kristina: Genau! Deshalb ist es wichtig, auf die digitale Sicherung zu achten. Ich habe eine dreifache Sicherung meiner Daten: einmal auf der Festplatte meines Laptops, einmal auf einer externen Festplatte und einmal in einer Cloud. Und ich scanne fast alles mithilfe einer App auf meinem Smartphone. Meine Online-Portale und E-Mail-Postfächer gehe ich regelmäßig durch und speichere die wichtigsten Dateien und Unterlagen sofort in meiner digitalen Ablage. Es braucht zwar etwas Zeit und Geduld, eine funktionierende Routine für die digitale Ablage zu etablieren, aber es lohnt sich. Wer es technisch selbst nicht so gut hinkriegt, kann sicher eine versierte Freundin oder einen Freund fragen, die oder der sich damit gut auskennt.

NOCH EINE PERSÖANLICHE FRAGE: WAS BEDEUTET MINIMALISMUS FÜR DICH?

Kristina: Auf jeden Fall mehr als nur das Ausmisten von Dingen! Es ist ein Lebensgefühl. Ein minimalistischeres Leben bedeutet für mich ein Leben mit mehr Leichtigkeit, Klarheit, Ruhe und Zufriedenheit. Mit jedem Gegenstand, den ich ausgemistet habe, konnte ich mich selbst ein bisschen besser kennenlernen und klarer erkennen, was mich persönlich wirklich ausmacht und was mir wirklich wichtig ist.

„Die Basis einer gesunden Ordnung ist ein großer Papierkorb."

VON DER ARBEITSEBENE ABGESEHEN, WAS BEDEUTET DIESE ORDNUNG UND ÜBERSICHT FÜR DICH PERSÖNLICH?

Kristina: Was im Berufsleben für die Ablage, im Privaten fürs Ordnen der wichtigen Dokumente und Dateien gilt, lässt sich auch auf alles andere im Leben übertragen. Als ich mit dem Ausmisten begann, vor über sieben Jahren, habe ich erst so richtig gemerkt, wie viel ich eigentlich besitze, wie viele Dinge ich um mich habe – und wie wenige davon ich wirklich benötige und nutze. Nun, nach all den Jahren Erfahrung, weiß ich, dass ich die für mich persönlich richtige Menge an Dingen, Sachen, Gegenständen und auch die entsprechende Ordnung dafür gefunden habe. Ich besitze nur noch das, was ich wirklich liebe und brauche.

VIELE, DIE SICH FÜR MINIMALISMUS INTERESSIEREN, STELLEN JA AM ANFANG GENAU DIESE FRAGE: WELCHE ANZAHL VON DINGEN BENÖTIGE ICH?

Kristina: Die Frage kommt oft, und ich antworte darauf immer: Auf die exakte Anzahl an Dingen – beim Papierkram wäre das zum Beispiel die Anzahl an Ordnern, in die man die Dokumente und Dateien einordnet – kommt es nicht an. Sondern nur darauf, mit welcher Anzahl oder Menge man sich wohlfühlt, bei welcher Anzahl man den Überblick behält, mit welchem System man sich das Leben generell und das Ordnen, Suchen, Finden im Speziellen erleichtert – und letztlich nur noch das zur Verfügung hat, was man braucht und was keinen unnötigen Ballast darstellt. Und diese Anzahl muss jede und jeder für sich persönlich definieren. Das ist ein Erfahrungswert, der sich mit der Zeit einstellt.

„Die richtige Anzahl an Dingen ist ein persönlicher, individueller Erfahrungswert."

ABER GERADE BEI DOKUMENTEN IST DAS NICHT SO LEICHT.

Kristina: Deshalb unterstütze ich mit Coachings und online gerne dabei, zu lernen, das Wichtige vom Unwichtigen, das Nötige vom Unnötigen zu unterscheiden. Besser, man macht sich schlau, fragt nach - das kostet am Anfang ein bisschen Zeit, aber hinterher kann man selbst guten Gewissens entscheiden, was wegkann. Man braucht nicht mehr eine überquellende Flut an Informationen zu horten, aus Angst, vielleicht das Falsche wegzuschmeißen.

HAST DU ZUM SCHLUSS NOCH EINEN TIPP, WARUM SICH MINIMALISMUS ALS LEBENSSTIL LOHNT?

Kristina: Minimalismus ist ohne Ausmisten, Aufräumen und klare Ordnungsstrukturen nicht denkbar. Die findet man im Laufe der Zeit aber ganz automatisch für sich selber heraus. Und wenn man sie gefunden hat, hat man in dieser Phase gelernt, sich selbst besser zu vertrauen. Aufs eigene Bauchgefühl zu hören und sich nicht mehr so sehr von den Erwartungen anderer leiten zu lassen.

TOP 10

PAPIERKRAM MINIMIEREN NACH KRISTINA RICKEN

1. Zuerst kommt das Aussortieren und Ausmisten: Suche dir einen festen Platz (z. B. Tisch oder Regal), an dem du über einen längeren Zeitraum alle Unterlagen gründlich sichten und zum Neuordnen vorläufig ablegen kannst.

2. Beziehe deine Familie oder Mitbewohner mit ein und informiere sie, dass sie die Sachen, die du neu ordnen und sortieren möchtest, nicht wegräumen und vor allem so liegen lassen sollen, wie du sie zum Sortieren ablegst.

3. Stelle Boxen oder andere Ablagen bereit, um die Unterlagen in einem ersten Schritt vorzusortieren, zum Beispiel nach Kategorien wie „Schreddern", „Wegschmeißen", „Neu sortieren", „To do" und so weiter.

4. Wenn du beim Sortieren merkst, dass du noch einige Unterlagen bearbeiten musst – lass dich davon nicht ablenken. Lege sie auf einem später zu bearbeitenden To-do-Stapel ab.

5. Lege dir ein Papier bereit und schreibe dir beim Ausmisten auf, was du alles erledigen musst, nachdem du alles geordnet hast. So behältst du Unerledigtes im Blick und musst dich davon nicht in Panik versetzen lassen.

6. Und bitte keinen Schreck kriegen: Es ist ganz normal, wenn du nach dem ersten Sortieren das Gefühl hast, das Chaos wird immer schlimmer. Tief durchatmen und weitersortieren!

7. Setze dir Zeit-Ziele, etwa nach dem Motto: „Ich sortiere einmal die Woche für 30 Minuten." Notiere diese Termine in deinem Kalender!

8. Setze dir Aufgaben, zum Beispiel: „Heute schaue ich diesen oder jenen Ordner durch und miste ihn aus."

9. Nach dem ersten Ausmisten und Anlegen vorläufiger Stapel: Recherchiere, welche Unterlagen du unbedingt aufheben musst. Infos dazu gibt's im Internet unter „Aufbewahrungsfristen". Auch Versicherungen, Ämter und Steuerkanzleien können mit Infos dabei helfen.

10. Behalte dein Ziel immer vor Augen: Motiviere dich, indem du dir vorstellst, wie toll später alles neu geordnet ist und wie übersichtlich dein Papierkram und deine digitale Ablage dann sein werden!

07

MINIMAL DIGITAL

WENIGER ONLINE – REIN INS ECHTE LEBEN!

MEHR ZEIT FÜR DIE WICHTIGEN DINGE

Hast du nicht auch das Gefühl, dass wir uns mehr und mehr mit Dingen beschäftigen, die nicht real sind? Einen Großteil unseres Tages verbringen wir in der „Onlinewelt“ und vernachlässigen, was um uns herum geschieht. „Nicht real“ ist vielleicht ein bisschen provokant ausgedrückt. Schließlich könnte man meinen, dass die Personen, die uns im Internet begegnen, durchaus real sind. Das stimmt auch. Einerseits. Trotzdem ist das, was online passiert, nicht das wirkliche Leben.

Da ich fast ausschließlich onlinebasiert arbeite, muss ich mir diese Tatsache selbst immer wieder vor Augen führen: Die Welt, die ich online erlebe und an der ich mich beruflich orientiere, ist nur ein Bruchteil der Realität. Auch in dieser Sphäre gibt es Dinge, die uns vielleicht nicht wirklich guttun, die uns belasten und in der Summe einfach zu viel sind. Ich nenne sie „das unsichtbare Gerümpel“. Da es beim Minimalismus um die Frage geht, was uns *wirklich* wichtig ist, lässt es sich nicht vermeiden, sich auch mit dem unsichtbaren Gerümpel auseinanderzusetzen.

Auch Social Media sind für mich, wie man so schön sagt, zugleich Fluch und Segen. Auf der einen Seite bieten die sozialen Medien unendlich viele Möglichkeiten, sich zu entfalten und Gleichgesinnte zu finden. Viele, vor allem Jüngere, können sich ein Leben ohne Social Media nicht vorstellen. Ich möchte Social Media nicht verteufeln, denn diese Welt ermöglicht es auch mir, meinen Lebensunterhalt mit einer Tätigkeit zu verdienen, die mir Spaß macht.

Nichtsdestotrotz gibt es natürlich auch Schattenseiten. Es kann nicht schaden, sich diese bewusst zu machen – dann halten sich die negativen Auswirkungen in Grenzen. Zum einen geht es um die essenzielle Frage: Realität oder nicht? Es handelt sich natürlich um reale Menschen, denen wir in sozialen Netzwerken begegnen. Doch wir dürfen nicht vergessen, dass sie dort nur das von sich preisgeben, was sie möchten. Das kreiert in unseren Köpfen Bilder, die wir mit unseren eigenen Vorstellungen und Fantasien anreichern. Es ist ein Image – nicht die Realität! Damit möchte ich nicht behaupten, dass das, was wir alle online von uns präsentieren, nicht echt und authentisch wäre. Das ist es in den meisten Fällen durchaus. Auch bei mir. Ich erzähle nichts, was nicht stimmen würde. Was du von mir online siehst und erlebst, ist authentisch. Doch es bildet nicht mein komplettes Leben ab. Natürlich zeigen wir alle lieber die schönen Seiten des Lebens, erzählen lieber von positiven Erlebnissen, lassen bestimmte Themen und Bereiche einfach mal weg, weil wir sie vielleicht als zu privat empfinden. Und weil wir unsere Kinder, Freunde, Familien heraushalten und schützen möchten. Dieser Tatsache muss ich mir als Konsumentin und Akteurin von Social Media immer bewusst sein.

Aber auch mir fällt die grundlegende Unterscheidung von Realität und Online-Image nicht immer leicht: „Wow, so ein perfektes Leben hätte ich auch gerne!“, denke ich manchmal, wenn ich online etwas Neues entdecke. Und es ist nicht unwahrscheinlich, dass meine Follower vielleicht das Gleiche über mein Leben denken. Doch kein Leben ist perfekt. Auch nicht meines! Deshalb möchte ich ehrlich sein und dir aufzeigen, dass es wie überall im Leben auch online eine vordergründig sichtbare Ebene und ein Dahinter gibt. Falls du also Personen auf Social Media folgst, die dir ein schlechtes Selbstwertgefühl vermitteln, weil du dich mit ihrem scheinbar perfekten Leben und Style vergleichst und meinst, deines sei nicht so perfekt, möchte ich dich dazu anregen, dir zu überlegen, ob du ihnen in Zukunft nicht entfolgen möchtest.

Das Schöne und gleichzeitig Gefährliche an Social Media ist die Blase, die man sich damit schafft. Meine Social-Media-Blase dreht sich um die Themen DIY und Interior Accounts – daneben gibt es für mich fast nichts anderes. Nachrichten schaue ich mir im Fernsehen an und über Eltern-Themen unterhalte ich mich mit meinen Freundinnen. Und gerade in diesen Situationen merke ich oft, dass ich innerlich aufatme, weil es mir guttut, mich mit meinen Freundinnen im „richtigen" Leben zu treffen und somit „echte" Kontakte zu pflegen. Wenn ich dieses innere Aufatmen spüre, ist es für mich ein wichtiges Warnsignal, dass ich mich schon wieder ein bisschen zu lange in der Onlinewelt aufgehalten habe.

Eine Zeit lang schränkte ich meinen Social-Media-Konsum daher extrem ein und war nur online, wenn ich meinen Content postete. Gleichzeitig stellte ich meinen passiven Konsum fast komplett ein. Das war ein spannendes Experiment, weil es mir aufzeigte, wie süchtig ich eigentlich schon nach Social Media war. Alle diese Plattformen sind darauf ausgelegt, möglichst viel Zeit damit zu verbringen. Bei den meisten Usern funktioniert das erschreckend gut. Ich kann dir dazu eine Dokumentation empfehlen. Sie hat den Titel „The Social Dilemma". Einige meiner Content-Creator-Freundinnen wollten sich diese Doku nicht anschauen. Ich verstehe, warum. Durch diese Doku wird einem klar, wie sehr wir alle schon Sklaven dieser Medien sind – als Content Creator und als Konsument. Als ich nach dieser Doku meinen Onlinekonsum herunterschraubte, hatte ich anfangs permanent das Gefühl, etwas zu verpassen. Ich spürte den Druck, präsent sein zu müssen, so, als würde die Welt sonst an mir vorbeiziehen. Das fand ich erschreckend.

Mittlerweile gehe ich einen Mittelweg. Ich folge nur noch den Personen, die mich wirklich inspirieren. Nehme mir regelmäßig einen Tag frei, als Creator und als Konsument, und versuche, mir bewusst zu machen, dass es noch eine Welt hinter dem Social-Media-Glamour gibt. Im Hinblick auf ein minimalistischeres Leben kann ich diese Vorgehensweise nur empfehlen. Es ist wichtig, sein eigenes Social-Media-Verhalten zu hinterfragen. Sollte das am Ende dazu führen, dass du dich von allen Plattformen abmelden möchtest, hat das auch sein Gutes. Es ist *dein* Leben, *deine* Zeit. Nur du entscheidest, wer deine Zeit beanspruchen darf. Und vieles kann zu einer Gewohnheit werden, die dich vom eigentlichen Leben eher abhält.

*„Nur du entscheidest,
wer deine Zeit beanspruchen darf."*

DIE SUCHT NACH LIKES

Allein der passive Konsum von Social Media nimmt enorm viel Zeit in Anspruch. Das trifft noch mehr zu, wenn man aktiv wird. Natürlich ist es wunderbar, sich mit Gleichgesinnten auszutauschen, Zuspruch zu bekommen für das, was man gerade macht und denkt. Dadurch kann durchaus ein Gemeinschaftsgefühl entstehen. Man merkt, dass man nicht alleine ist und die eigene Arbeit wertgeschätzt wird. Das geht auch mir so: Ich finde es unglaublich toll, mit wie vielen lieben Menschen ich durch meine Arbeit in Kontakt komme! Sie geben mir Tipps und Ratschläge, sind an dieser Facette meines Lebens interessiert und freuen sich für mich, wenn ich gute Nachrichten habe oder sie sich durch mich inspiriert fühlen. Das gibt mir sehr viel. Ich bin dankbar dafür.

Auf der anderen Seite gibt es auf Social Media auch Menschen, die einem nicht wohlwollend gegenüberstehen. Die haben vielleicht gerade einen schlechten Tag und brauchen ein Ventil, um ihren Frust abzulassen. Während der Corona-Lockdowns konnte man das verstärkt erleben. In dieser Zeit häuften sich feindselige und negative Kommentare. Die habe ich mir anfangs sehr zu Herzen genommen. Bis ich mich mit anderen Content Creatorinnen darüber austauschte. Sie hatten die gleiche Erfahrung gemacht wie ich. Dieser Austausch führte mir vor Augen, dass diese negativen Kommentare wahrscheinlich nichts mit mir als Person und meinen Inhalten zu tun hatten, sondern mit der Situation, in der sich die kommentierende Person gerade befand. Auch wenn man versucht, das zu trennen und Schmähungen nicht persönlich zu nehmen, haben die oft negativen Reaktionen auf unsere Social-Media-Aktivitäten unbewusst negative Effekte. Vor allem für sensible Menschen. Ich persönlich ecke auch nicht gerne an. Ich gebe zu: Ich möchte gemocht werden. Ich denke, das geht vielen so. Es lässt mich nicht kalt, wenn jemand das, was ich mache, doof findet. Mag es zig positive Reaktionen auf einen Post geben – diese eine negative beschäftigt mich dann den ganzen Tag über. Deswegen möchte ich uns alle dazu aufrufen, negative Kommentare kritisch zu bewerten und sehr darauf zu achten, ob sie einen konstruktiven Kern enthalten oder nur destruktiv gemeint sind. Wichtig auch: Wir müssen lernen, dass wir nicht von allen gemocht werden. Diese Botschaft geht auch an mich! Auch wenn wir das gerne möchten, ist es unmöglich. Wenn man es darauf anlegen würde, von allen gemocht zu werden, muss man sich letztlich komplett verbiegen. Besser ist es, in Kauf zu nehmen, dass man nicht allen Menschen sympathisch ist.

Mittlerweile schütze ich mich vor Übergriffen, indem ich Personen sperre. Das mache ich natürlich nicht, wenn jemand nur anderer Meinung ist als ich. Ich mache es bei Personen, die mir wiederholt respektlos begegnen und es nur darauf anlegen, Dampf abzulassen. Wenn du selbst Inhalte auf Social Media veröffentlichst, denke daran: Du hast das Recht, dich zu schützen. Du musst dich nicht angreifen lassen. Konstruktive Kritik ist okay, aber der Ton macht die Musik.

Ein weiterer Punkt, über den es sich lohnt, nachzudenken, ist das Thema Erfolg. Wenn wir etwas posten, wünschen wir uns, dass viele Menschen das gut finden. Die Zustimmung äußert sich in Likes – und von denen machen wir oft unsere Laune abhängig. Es ist schwer, es nicht zu tun. Wir geben uns Mühe mit unseren Posts. Manchmal können wir nur erahnen, warum ein Post besser ankommt als ein anderer. Meist aber können wir das nicht. Stichwort: Algorithmen! Weniger Likes bedeuten nicht unbedingt, dass weniger Leute gut finden, was du postest. Sondern mitunter nur, dass es weniger Leute gesehen haben und somit gar nicht so viele Menschen die Möglichkeit hatten, es gut zu finden. Deshalb: Knüpfe deinen Selbstwert nicht an Likes auf Social Media. Ich glaube, wir alle können viel Stress aus unserem Alltag nehmen, wenn wir einfach unser Ding machen. Wenn wir regelmäßig in die reale Welt zurückkommen. Und feststellen, dass hier, im echten Leben, andere Regeln gelten. Dass wir uns hier die Menschen suchen können, die uns genau so mögen, wie wir sind.

*„Sperre destruktive Follower,
die nur Dampf ablassen wollen."*

E-MAILS UND NACHRICHTEN-APPS

In eine ähnliche Kategorie wie Social Media fallen E-Mails und Nachrichten-Apps. Sie beanspruchen unglaublich viel Zeit. E-Mails funktionieren wie Pingpong: Je schneller du den Ball zurückspielst, desto schneller ist er wieder bei dir. Das geht manchmal ins schier Endlose. Wir tappen in die Erreichbarkeitsfalle. Und zwar mit allen Messenger-Diensten, die wir nutzen. Je mehr, desto unübersichtlicher. Wir wollen immerzu verfügbar sein und sind gestresst, weil wir uns verpflichtet fühlen, dem Gegenüber so schnell wie möglich zu antworten. Das müssen wir gar nicht! Wenn etwas wirklich dringend ist, gibt es noch immer die gute alte Telefonfunktion. Man kann auch telefonieren! Bei allen Messenger-Diensten und E-Mail-Programmen, die nicht absolut notwendig sind, lassen sich Push-Benachrichtigungen ausschalten. Auch empfehlenswert: Plane feste Zeiten ein, in denen du in die Dienste reinschaust. So lässt du dich nicht ständig davon ablenken und kannst dich besser auf deine Arbeit und dein wirkliches Leben konzentrieren. Wenn die andere Person nicht sehen kann, ob du ihre Nachrichten gelesen hast, nimmt dir das auch den Druck, sofort antworten zu müssen. Du sparst dir damit Diskussionen, warum du es liest und dich nicht gleich meldest.

TOP TIPPS
MINIMAL DIGITAL

— Setze dir feste Zeiten für E-Mails, Nachrichten-Apps und Social Media.

— Entfolge allen Accounts, die dir ein schlechtes Selbstwertgefühl vermitteln.

— Lösche alle Social-Media-Plattformen, die dir keinen Mehrwert bieten.

— Prüfe genau, auf welchen Plattformen du in welcher Weise aktiv sein möchtest.

— Verbringe weniger Zeit online.

— Verbringe mehr Zeit im realen Leben mit Menschen, die du liebst und die dich mögen.

GEDANKENKARUSSELL

Bestimmt ist dir auch schon aufgefallen, dass Meditation und zig Ratgeber und Tools für mehr Achtsamkeit gerade voll im Trend sind. Das scheint daran zu liegen, dass die meisten von uns ständig gestresst sind. Nicht wenige suchen verzweifelt nach Wegen und Möglichkeiten, um abzuschalten, runterzukommen und zu entschleunigen. Ich kann das absolut nachvollziehen. Mir geht es auch so. Ein Grund für diesen Stress ist das Gedankenkarussell in unserem Kopf und unserer Seele. Oft belasten uns die immer gleichen Gedanken. Wir drehen uns mit den Problemen im Kreis. Und manchmal finden wir einfach keinen Weg heraus! Auch hierbei kann der Minimalismus helfen. Denn oft belasten wir uns mit Dingen, die wir sofort loswerden, also minimieren könnten, wenn wir sie nur endlich in Angriff nehmen würden. Aber es fällt uns ungeheuer schwer, unsere Komfortzone zu verlassen. Selbst wenn diese „Komfortzone" ein belastendes Gefühl ist. Lieber verbleiben wir in einem unguten Zustand, weil wir ihn kennen, weil er uns vertraut ist. Und weil wir Angst haben, neue Wege einzuschlagen. Unbekanntes kann anfangs ein bisschen einschüchtern. Doch am Ende kann es uns langfristig wesentlich glücklicher machen. Ist das nicht absurd? Wenn du dir das klarmachst, fällt es dir sicher leichter, endlich loszulegen und das eine oder andere Problem in Angriff zu nehmen. Ob du Coaching, Mediation, Psychotherapie, Selbsthilfegruppen oder andere Wege suchst, dir dabei helfen zu lassen, ist zweitrangig. Wichtig ist, dass die Form der Unterstützung zu dir passt. Auch in seelischer Hinsicht kann Minimalismus ein Leitfaden für dich sein. Ziel ist es, dich von emotionalem Ballast zu befreien. Dadurch wirst du am Ende leichter durchs Leben gehen.

„Stelle dich dem Ballast,
den du mitschleppst,
und gehe neue Wege.“

DEIN MINIMALISMUS-KOMPASS

Minimalismus ist keine Rechenaufgabe. Kein allgemeingültiges Auf- und Abrechnen: So viel muss weg, so viel kann bleiben. Es ist vielmehr eine grundlegende Lebensentscheidung. Etwas sehr Persönliches. Und das hast du beim Lesen dieses Buches sicher gespürt.

Deshalb brauchst du auf deinem Weg in ein minimalistischeres Leben einen Kompass. Einen verlässlichen Wegweiser, der dir ganz ehrlich anzeigt, welche Schritte du gehen, welche Richtung du einschlagen kannst.

Dieser innere Kompass bist du. Oder besser: Er ist in dir drin.
Es ist dein Bauchgefühl.

Wenn du beim Ausmisten, Aufräumen, Weggeben, Loslassen und Neuorientieren manchmal unsicher bist und dich fragst: Ist das richtig so? Passt das für mich? Soll ich das wirklich tun?, dann befrage einfach deinen inneren Kompass.

Das sind die Fragen:

- Was macht mich wirklich glücklich?
- Was stört mich schon lange?
- Was geht mir eigentlich, wenn ich ehrlich bin, auf die Nerven?
- Womit fühle ich mich nicht (mehr) wohl?
- Worauf kann ich - wenn ich ehrlich bin - wirklich gut verzichten?
- Wovon träume ich?
- Was und wer darf in mein Leben - und in welcher Form?

Dein Bauchgefühl wird dir die Antworten sagen. Und dich als Minimalismus-Kompass immer begleiten.

NACHWORT

DER ANFANG IST GEMACHT!

Es macht mich glücklich, dass ich dich mit diesem Buch ein Stück deines Wegs zu einem minimalistischeren Lebensstil begleiten durfte. Wir sind die ersten Schritte gemeinsam gegangen, und ich hoffe, ich konnte dich darin unterstützen, herauszufinden, welche Richtung dein Weg in dieser Hinsicht nehmen soll. Wo genau dein Ziel liegt, wo du hin möchtest – und was du auf diesem Weg in Zukunft hinter dir lassen willst.

Es ist mir sehr wichtig, dir dabei das Selbstvertrauen zu vermitteln, dass der einzige Mensch, der dir zeigen kann, was auf diesem Weg für dich stimmig oder nicht so stimmig ist, du selber bist. Und wie hilfreich es dabei ist, nicht allzu streng mit dir zu sein. Deshalb habe ich in diesem Buch auch ehrlich davon berichtet, welche Stolpersteine ich auf meinem Weg in ein minimalistischeres Leben immer mal wieder beseitigen musste – und noch immer muss. Es ist ganz klar, dass auch ich dabei mitunter zwei Schritte vorangehe – und einen oder mehrere wieder zurück. Das ist normal. Es gehört dazu.

Minimalismus ist der Weg, auf Dauer nur das in unser Leben zu lassen, was zu uns passt. Ganz persönlich aus deiner Perspektive gesagt: Nur das in dein Leben zu lassen, was dich nicht belastet. Was dich glücklich macht, für dich sinnvoll ist und dich bereichert. Das muss nichts Materielles sein. Es ist vielmehr meistens überhaupt nichts Materielles!

Wenn du auf dem Weg dorthin dein Ziel nicht aus den Augen verlieren möchtest, denke immer daran, dass Minimalismus – das Mehr vom Weniger – sich nicht nur auf Dinge bezieht. Sondern auch auf Lebensumstände, auf den Beruf, auf Menschen, auf Gewohnheiten. Was zu dir passt, gehört in dein Leben. Was dir nicht guttut, darfst du ruhig hinter dir lassen. Dein Weg liegt vor dir. Den Anfang hast du geschafft. Alles Gute dabei!

DANK

Danke sagen – das ist etwas, von dem wir alle bestimmt nicht weniger, sondern sicher ein bisschen mehr gebrauchen können. Ein Dankeschön kostet nichts. Wir können es uns nicht kaufen. Wir müssen es nirgendwo hinstellen. Wir müssen uns nicht überlegen, ob wir es wirklich benötigen – wir wissen einfach, dass es unser Leben leichter macht. Und uns alle zusammen glücklicher! Deshalb möchte ich jetzt hier noch mal von Herzen Danke sagen. Ein großes, dickes, aufrichtiges Dankeschön!

Und zwar zuallererst natürlich an meine lieben Kolleginnen, die so nett waren, mich an ihrem Weg zum Minimalismus teilhaben zu lassen – an ihren Erlebnissen und Erfahrungen. Ich durfte sie besuchen, mit ihnen sprechen – und ich durfte ihre Ideen und Tipps in diesem Buch an euch weitergeben. Danke, liebe Mimi, liebe Lisa und Lena, liebe Lisa von Nessa Elessar, liebe Caro und liebe Kristina – für euer Vertrauen, eure Offenheit und eure Freundschaft!

Dann natürlich ein dickes Dankeschön an euch alle, meine Community. Ohne eure Teilhabe, euer Engagement, eure Treue, eure Ideen und Anregungen und gutgemeinte Kritik wäre mein Weg bisher wahrscheinlich nicht so kreativ gut gelaunt und von positiven Energien begleitet verlaufen. Es ist schön, euch an meiner Seite zu haben!

Und zum Schluss natürlich noch ein ganz persönliches Dankeschön an meinen Mann Richard, meine kleine Tochter Ava, von der ich so viel lernen durfte und die mich jeden Tag in Staunen versetzt, und meine zweite Tochter Liv, die bei Erscheinen dieses Buches seit ein paar Monaten auf der Welt ist und mich im Bauch beim Schreiben begleitet hat.

Ich wünsche ihr, meiner ganzen Familie – und euch allen, die ihr dieses Buch lest und mit mir gemeinsam den Weg vom Mehr zum Weniger geht: Ein bisschen Mehr von allem, was uns glücklicher macht.

Eure Jelena

REGISTER

ZU DER AUTORIN

Jelena Weber startete 2016 ihren YouTube-Kanal rund um DIY und Einrichten. Ob Schuhregal, Kindermöbel, Wände streichen - ganz nach ihrem Motto „Einfach machen!" greift Jelena in ihrer Berliner Altbauwohnung behänd selbst zum Werkzeug und gibt ihren Zusehern viel Inspiration, sowohl für den Alltag als auch für größere Wohnungs-Projekte. Auch der „Sauber-Samstag", nerviges Wäschewaschen, Aufräumen und Ausmisten sind immer wiederkehrende Themen. Jelena Weber war zudem die „Aufräum-Nanny" im Sat.1-Vorabendmagazin „Endlich Feierabend" und saß in der Jury der Show „Mit Nagel und Köpfchen - Die große Kreativ-Challenge".

Weitere Bücher der Autorin bei ZS:

→ Der Aufräum-Kompass

IMPRESSUM

Hinter jedem tollen Buch steckt ein starkes Team

Projektleitung: *Kathrin Mayr, Edelgard Prinz-Korte*
Texte: *Jelena Weber, Katja Mutschelknaus*
Lektorat: *Katja Mutschelknaus*
Covergestaltung und grafische Gestaltung: *Geela Eden*
Fotografie: *Jelena Weber, Richard Brzozowski (andere siehe Bildnachweis)*
Illustrationen: *Shutterstock*
Herstellung: *Frank Jansen*
Producing: *Jan Russok*
Druck & Bindung: *optimal media GmbH, Röbel*

1. Auflage 2022

Kaiserstraße 14 b
D-80801 München
ISBN: 978-3-96584-204-5

BILDNACHWEIS

S. 39: Unsplash
S. 40, 43: Lena und Lisa, everless Wardrobe
S. 102, 106: saltypeanut
S. 138, 141 + S. 147 links oben: Kristina Ricken
Cover: Jelena Weber, Unsplash

LIEBE LESER*INNEN

wie schön, dass Sie ein Buch von ZS in den Händen halten. „jetzt leben!“ ist das Motto unseres Verlages. Es steht für Genuss und Inspiration, Unterstützung und Motivation. Ob Kulinarik oder Fitness, Gesundheit oder Lebenshilfe – seit über 30 Jahren bieten wir kompetente Ratgeber für (fast) alle Lebenslagen. Wir lieben Tradition genauso wie Innovation – sie treiben uns an. Unsere Autor*innen sind Menschen, die zu ihrem Thema wirklich etwas zu sagen und zu schreiben haben. Unsere Produkte sind erzählerisch, appetitmachend und als gedruckte Bücher haptisch echte Erlebnisse. Für Sie mit ganz viel Liebe gemacht! Entdecken Sie mehr aus unserer wunderbaren Welt!

UNSER VERLAGSHAUS

Mit Standorten in München, Hamburg und Berlin zählt die Edel Verlagsgruppe zu den größten unabhängigen Buchanbietern Deutschlands. Zur Edel Verlagsgruppe gehört unter anderem ZS mit seinen Lizenzmarken Dr. Oetker Verlag, Kochen & Genießen und Phaidon by ZS.

ZS - Ein Verlag der Edel Verlagsgruppe
www.zsverlag.de
www.facebook.com/zsverlag
www.instagram.com/zsverlag

FÜR DIE UMWELT

ZS unterstützt bei der Produktion dieses Buches das Projekt „Junge Riesen für die nächsten 100 Jahre“ im Naturpark Nossentiner/Schwinzer Heide. Damit wird ein Anteil der unvermeidbaren CO_2-Emissionen im direkten Umfeld des Produktionsstandortes kompensiert.

PARTNER
Naturpark
Nossentiner / Schwinzer Heide
www.optimal-media.com/naturschutzprojekt-001

NEWSLETTER

Ab sofort keine kulinarischen Trends mehr verpassen und gleichzeitig einen Kochkurs mit einem Spitzenkoch von ZS gewinnen?

Melden Sie sich jetzt beim ZS Newsletter an und bleiben über neue Bücher, Themenschwerpunkte und News immer informiert.

Jetzt anmelden unter: ANMELDEN!
www.zsverlag.de/newsletter

GEWINNEN

Unter allen Neuabonnierenden verlosen wir jeden Monat *10 neue Bücher* und jährlich einen *Kochkurs* mit einem Spitzenkoch von ZS.